"Apaixonada por arte, aos 7 anos iniciei meus estudos em arte e pintei minha primeira tela. Desde então, nunca mais deixei meus pincéis e minhas cores. Sempre foi por meio da arte que expressei meus sentimentos, meus sonhos e é como me realizo. Por isso optei por ser arte-educadora."

Angela Anita Cantele

"Aprendi a gostar de arte e história desde pequena. Meu pai me contava histórias e mostrava figuras de arte e dizia que toda história tem arte e toda arte tem história. Lembro-me de quando ganhei uma lousa e uma caixa de giz... Brincava de professora e queria ensinar, contar histórias e desenhar. Cresci, me formei em História da Arte e depois em História. É um caso de amor."

Bruna Renata Cantele

4ª edição
São Paulo
2023

ARTE E HABILIDADE

ANGELA ANITA CANTELE
BRUNA RENATA CANTELE

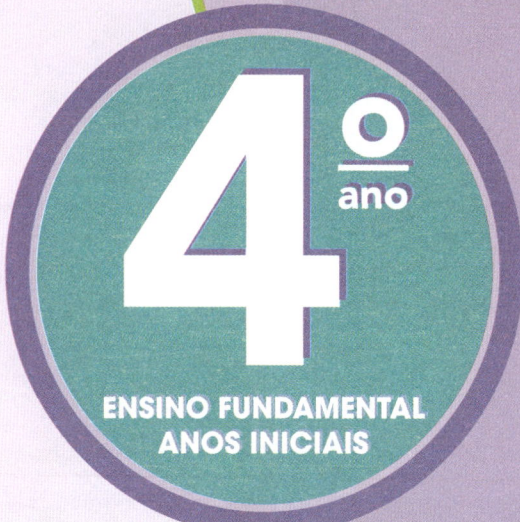

4º ano

ENSINO FUNDAMENTAL
ANOS INICIAIS

Angela Anita Cantele

Formada pela Faculdade de Belas Artes de São Paulo em Artes Plásticas e bacharel em Desenho.
Curso de *design* de interiores pela Escola Panamericana de Arte e *Design*. Cursos de artesanato, dobradura, pintura em tela e aquarela.
Especialização de pintura em seda pura.
Curso de História da Arte em Florença e Veneza, Itália.
Autora de livros didáticos e paradidáticos, arte-educadora.

Bruna Renata Cantele

Mestre em Educação e historiadora.
Curso de Desenho Artístico e Publicitário Dr. Paulo Silva Telles.
Curso de História da Arte em Florença e Veneza, Itália.
Orientadora educacional, consultora e assessora pedagógico-administrativa em colégios da rede particular de ensino.
Autora de livros didáticos e paradidáticos.

Coleção Arte e Habilidade
Arte – 4º ano
Ensino Fundamental
© IBEP, 2023

Diretor superintendente	Jorge Yunes
Diretora editorial	Célia de Assis
Editora	Adriane Gozzo
Assistentes editoriais	Isabella Mouzinho e Stephanie Paparella
Revisão	Denise Santos, Erika Alonso e Yara Affonso
Secretaria editorial e Produção gráfica	Elza Mizue Fujihara
Assistente de produção gráfica	Marcelo Ribeiro
Projeto gráfico e capa	Aline Benitez
Imagem da capa	*O pequeno vale*, de Paul Gauguin
Diagramação	NPublic / Formato Comunicação

4ª edição – São Paulo – SP

Dados Internacionais de Catalogação na Publicação (CIP) de acordo com ISBD

C229a   Cantele, Angela Anita

    Arte e Habilidade: Ensino Fundamental Anos Iniciais / Angela Anita Cantele, Bruna Renata Cantele. - 4. ed. - São Paulo : IBEP - Instituto Brasileiro de Edições Pedagógicas, 2023.
    il. ; 20,5cm x 27,5cm. - (Arte e Habilidade 4º ano)

    Inclui bibliografia.
    ISBN: 978-65-5696-468-3 (aluno)
    ISBN: 978-65-5696-469-0 (professor)

    1. Educação. 2. Ensino fundamental. 3. Livro didático. 4. Arte. 5. Habilidade. 6. Artes visuais. 7. Música. 8. Teatro. 9. Dança. I. Cantele, Bruna Renata. II. Título.

2023-1209   CDD 372.07
                                                  CDU 372.4

Elaborado por Vagner Rodolfo da Silva - CRB-8/9410

Índice para catálogo sistemático:
1. Educação - Ensino fundamental: Livro didático 372.07
2. Educação - Ensino fundamental: Livro didático 372.4

Todos os direitos reservados.

Rua Gomes de Carvalho, 1306 – 11º andar – Vila Olímpia
São Paulo – SP – 04547-005 – Brasil
Tel.: (11) 2799-7799
www.ibep-nacional.com.br

Sumário

FICHA

#	Tipo	Título	Pág.
1	IDENTIFICAÇÃO E OBSERVAÇÃO	Observando e conhecendo cores: cores primárias, secundárias e terciárias; cores quentes e frias	9
2	IDENTIFICAÇÃO E PINTURA	Colorindo com as cores primárias, secundárias e terciárias	11
3	PINTURA	Contraste de cores quentes e cores frias	12
4	OBSERVAÇÃO, DESENHO E PINTURA	As cores em obras de arte	13
5	IDENTIFICAÇÃO E OBSERVAÇÃO	A arte de Oswaldo Goeldi	16
6	XILOGRAVURA	Xilogravura	17
7	XILOGRAVURA EM CORDEL	Literatura de cordel ilustrada com xilogravura	18
8	IDENTIFICAÇÃO, DESENHO E PINTURA	Os super-heróis	19
9	IDENTIFICAÇÃO E OBSERVAÇÃO	A música no Brasil	21
10	EXPRESSÃO MUSICAL, DESENHO E PINTURA	Trabalhando ao som da música brasileira	23
11	EXPRESSÃO MUSICAL, OBSERVAÇÃO, DESENHO, PINTURA E FOTOGRAFIA	A música na arte visual brasileira	24
12	OBSERVAÇÃO	Figuras geométricas em obras de arte	26
13	DESENHO, RECORTE E COLAGEM	Criando obra de arte com figuras geométricas	27
14	RECORTE	Jogo do Tangram	29
15	OBSERVAÇÃO E PINTURA	Arte e cultura africanas: Nação Ndebele	30
16	INTERPRETAÇÃO	Cartaz	32
17	MONTAGEM	Elaboração de cartaz	33
18	OBSERVAÇÃO	O movimento impressionista	34
19	DESENHO E PINTURA	Desenhando ao ar livre	36
20	IDENTIFICAÇÃO E OBSERVAÇÃO	Teatro: fantoche e marionete	37
21	RECORTE E COLAGEM	Teatro: fantoche de mão	39
22	RECORTE, COLAGEM E DOBRADURA	Kirigami	40
23	MODELAGEM COM ARGILA E PINTURA	Patrimônio cultural e histórico: bens imóveis	41
24	CONSCIENTIZAÇÃO AMBIENTAL	Reciclagem	43
24-A	OBSERVAÇÃO E CONFECÇÃO DE OBJETOS COM MATERIAL RECICLÁVEL	Reciclagem	45
25	CONFECÇÃO DE OBJETO COM MATERIAL RECICLÁVEL	Vaso de garrafa PET	47
26	CONFECÇÃO DE OBJETO COM MATERIAL RECICLÁVEL	Reciclagem com lata: porta-lápis	48

Sumário

FICHA

Nº	Tipo	Título	Página
27	EXPRESSÃO MUSICAL E CORPORAL	A dança no Brasil	49
28	DESENHO E PINTURA	A dança folclórica no Brasil	51
29	OBSERVAÇÃO	Escultura	52
30	ESCULTURA	Escultura em sabonete	54
31	ESCULTURA	Escultura com massa de modelar com argila	55
32	OBSERVAÇÃO	A arte de Aldemir Martins	56
33	RECORTE E MONTAGEM; PINTURA	Fazendo arte com Aldemir Martins	57
34	EXPRESSÃO MUSICAL	As notas musicais	59
35	EXPRESSÃO MUSICAL, DESENHO E PINTURA	Orquestra	62
36	PINTURA, RECORTE E COLAGEM	Imagem e movimento: Taumatrópio	64
37	OBSERVAÇÃO E PINTURA	Arte e cultura indígenas: Arissana Pataxó	65
38	OBSERVAÇÃO	Fotografia	66
39	FOTOGRAFIA	Fotografando	67
40	MONTAGEM DE MARIONETE	Teatro de marionetes	68
41	EXPRESSÃO CORPORAL E ENCENAÇÃO	Teatro: peça O Casamento da Dona Baratinha	69
42	OBSERVAÇÃO	Colagem em obras de arte	72
43	RECORTE E COLAGEM	Criando composição com papéis	73
44	COLAGEM	Criando obra com colagem	74
45	OBSERVAÇÃO, DESENHO E PINTURA	A música na arte *naïf* brasileira	75
46	EXPRESSÃO CORPORAL, DESENHO E PINTURA	A dança, o desenho e as emoções	77
47	DOBRADURA	Origami: dobradura de pinguim	78
48	DESENHO E PINTURA	Desenho de memória	80
49	DESENHO E PINTURA	Desenho de ilustração	81
50	PINTURA	Pintura em tela, com base nas obras de Claudio Tozzi	83

Material complementar 85

DATAS COMEMORATIVAS

Carnaval 97-98
Páscoa 99-100
Dia dos Povos Indígenas 101-102
Dia das Mães 103
Festas Juninas 104
Dia dos Pais 105
Folclore 106-107
Primavera 108-109
Dia das Crianças 110
Natal 111-112
ADESIVOS 113

Olá!

Você está iniciando, neste ano, seus estudos em Arte.

Vai aprender as primeiras noções corporais, as cores, a música, a textura, as formas geométricas e conhecer obras de arte de artistas renomados.

Preparamos este livro para você com muito carinho, pensamos nos seus conhecimentos escolares e nas experiências artísticas que você vai vivenciar a partir de agora com Arte e Habilidade.

Desejamos a você um ano feliz fazendo arte!

Com carinho,

Angela e Bruna

Uso do material

Para desenhar ou fazer arte, utilizamos papéis diversos, lápis grafite, lápis de cor e aquarelável, borracha, régua, apontador, tesoura e cola, giz de cera, pincel, tintas guache, plástica e acrílica, cola *glitter*, argila, caneta hidrocor e vários outros materiais.

Cuide bem de seu material, mantendo-o limpo e organizado.

Troque ideias com os colegas e observe com atenção o trabalho deles – você estará desenvolvendo seu lado artístico!

Materiais

 Massa de modelar
argila, cerâmica fria etc.

 Linha
barbante, lã etc.

 Borracha

 Caneta hidrocor

 Copo com água

 Cola bastão

 Cola *glitter*

 Cola líquida

 Fita adesiva

 Giz de cera

 Lápis de cor

 Lápis de cor aquarelável

 Lápis grafite

 Materiais diversos

 Pano
tecidos diversos, estopa etc.

 Papéis
crepom, canson, revistas, jornais etc.

 Pincel

 Régua

 Tesoura
com pontas arredondadas

 Tintas
guache, acrílica, para pintura a dedo etc.

Arte e habilidade

Arte é mais que desenhar e pintar.
A escultura, a música, o teatro, a dança e a arquitetura também são formas de arte.

Maracatu, dança típica da Região Nordeste do Brasil.

O violeiro (1899), de Almeida Júnior.
Óleo sobre tela, 141,0 cm × 172,0 cm.

Xilogravura.

Escultura de peixe criada com lixo encontrado no mar entre a Dinamarca e a Suécia. Helsingor, Dinamarca.

Claudio Tozzi. *Sem nome*, 1987.
Tinta acrílica sobre tela, 107 cm × 104 cm.

Teatro de marionetes.

FICHA 1 — PARTE 1

Observando e conhecendo cores: cores primárias, secundárias e terciárias; cores quentes e frias

IDENTIFICAÇÃO E OBSERVAÇÃO

Conhecer as cores e suas teorias são a base para estudar as artes visuais.

A palavra "cor" vem do latim *colore* e é uma percepção sensorial registrada por nossos olhos.

A cor é parte integrante da luz, não uma propriedade dos corpos. É, portanto, a impressão que a luz reflete nos corpos diante dos nossos olhos. Quando não há luz, não distinguimos cores. Para a reprodução das cores, usam-se pigmentos naturais ou químicos. Observe a classificação das cores.

Cores primárias

São as cores puras, que não podem ser obtidas por meio de nenhuma mistura. São elas o azul, o vermelho e o amarelo.

Cores secundárias

São as cores obtidas por meio da mistura de duas cores primárias, na mesma proporção. São elas o verde, o laranja e o roxo.

azul + amarelo = verde

amarelo + vermelho = laranja

vermelho + azul = roxo

Cores terciárias

São as cores obtidas por meio da mistura de uma cor primária com uma cor secundária. Observe um exemplo: o amarelo misturado com o verde resulta em amarelo-esverdeado.

amarelo + verde = amarelo-esverdeado

Observando e conhecendo cores: cores primárias, secundárias e terciárias; cores quentes e frias

FICHA 1 — PARTE 2

IDENTIFICAÇÃO E OBSERVAÇÃO

As **cores quentes** são o amarelo, o laranja e o vermelho. São conhecidas assim porque transmitem a sensação de calor e estão associadas ao sol, ao fogo e ao sangue, além de relacionadas aos sentimentos de alegria, disposição, energia.

As **cores frias** são o azul, o verde e o roxo. São conhecidas assim porque transmitem a sensação de frio e estão associadas ao gelo, à água e às matas, além de relacionadas aos sentimentos de melancolia, calma e serenidade.

1. Qual é a cor que você mais gosta?
_____
_____
_____
_____

2. Você prefere as cores quentes ou as cores frias?
_____
_____
_____
_____

3. Se tivesse de escolher uma cor para representar o que está sentindo agora, qual seria? Por quê?
_____
_____
_____
_____

FICHA 2

Colorindo com as cores primárias, secundárias e terciárias

IDENTIFICAÇÃO E PINTURA

FICHA 3

Contraste de cores quentes e cores frias

PINTURA

FICHA 4 — PARTE 1

As cores em obras de arte

OBSERVAÇÃO

Nesta atividade, há algumas obras de arte, cada uma delas com predominância de algumas cores. Você consegue perceber e classificar estas obras?

Simon Cooper (1992-)

Pintor estadunidense, seu trabalho é inspirado no movimento cubista, e suas cores têm como base as obras de Piet Mondrian (1872-1944). Ele usa o contorno da linha simples, que forma figuras geométricas bem definidas, e faz uso constante das cores primárias.

Paul Gauguin (1848-1903)

Pintor e escultor francês, foi um grande amigo de Vincent van Gogh. Morou muito tempo no Taiti, onde produziu a maior parte de suas obras, que marcam a época da vanguarda nas artes do século XX.

Mercado Central Cadiz (2015), de Simon Cooper. Acrílico sobre tela, 46 cm × 61 cm.

O pequeno vale (1892), de Paul Gauguin. Óleo sobre tela, 41,5 cm × 67 cm.

FICHA 4 — PARTE 2

As cores em obras de arte

OBSERVAÇÃO

Paisagem com ciprestes (1889), de Vincent van Gogh. Óleo sobre tela, 73 cm × 93,4 cm.

Vincent van Gogh (1853-1890)

Pintor e desenhista holandês, suas obras são repletas de naturalismo, inspiradas no movimento impressionista, do qual é precursor, e no pontilhismo.

Van Gogh, como é conhecido, começou a pintar aos 27 anos e foi o pintor com o maior número de obras feitas em um breve período. Em vida, vendeu apenas um quadro, e hoje suas obras valem milhões.

O banco de pedra no jardim do hospital Saint-Paul (1889), de Vincent van Gogh. Óleo sobre tela, 39 cm × 46 cm.

As cores em obras de arte

DESENHO E PINTURA

FICHA 4 — PARTE 3

A ARTE DE Oswaldo Goeldi

FICHA 5

IDENTIFICAÇÃO E OBSERVAÇÃO

Oswaldo Goeldi (1895-1961)

Desenhista, ilustrador, gravador e professor de Arte. Nasceu no Brasil, mas, como seu pai era suíço, Goeldi viveu até os 24 anos na Suíça. Mas foi no Brasil que ele desenvolveu sua arte, a técnica da xilogravura, pela qual é reconhecido mundialmente.

Tarde (1945), de Oswaldo Goeldi. Xilogravura em duas cores, 27 cm × 24 cm

Xilogravura

FICHA 6 — PARTE 1

Xilogravura, ou **xilografia**, é a técnica de gravura na qual se utiliza uma prancha de madeira como matriz, que possibilita a reprodução da imagem nela gravada sobre um papel ou outro suporte adequado. É um processo muito parecido com um carimbo.

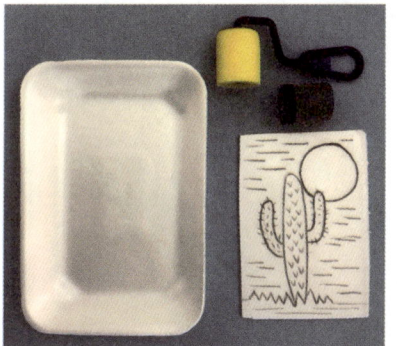

FICHA 7 — Literatura de cordel ilustrada com xilogravura

XILOGRAVURA EM CORDEL

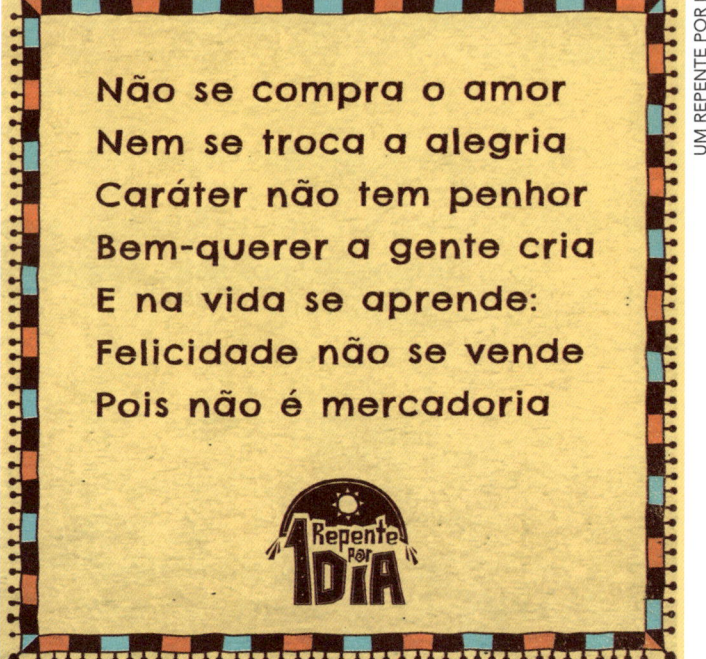

Não se compra o amor
Nem se troca a alegria
Caráter não tem penhor
Bem-querer a gente cria
E na vida se aprende:
Felicidade não se vende
Pois não é mercadoria

FICHA 8 PARTE 1 — Os super-heróis

IDENTIFICAÇÃO, DESENHO E PINTURA

Liga da Justiça, equipe de super-heróis criada em 1960.

Capitão América, personagem criado em 1941.

Homem-Aranha, identidade secreta de Peter Parker, personagem criado na década de 1960.

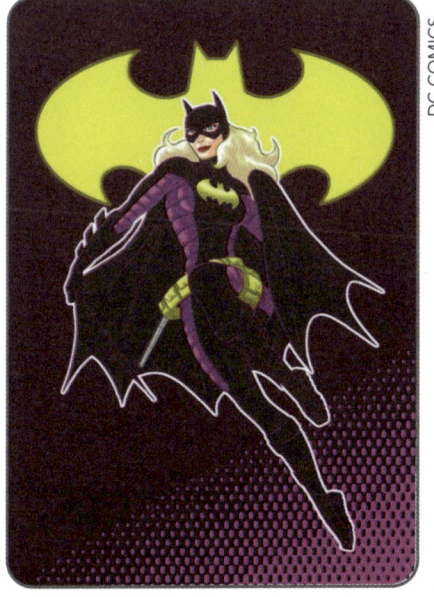

Batgirl, companheira de Batman e Robin, criada em 1961.

FICHA 8 – PARTE 2

Os super-heróis

IDENTIFICAÇÃO, DESENHO E PINTURA

- Nome do meu super-herói:
_____
_____
_____
_____
_____
_____
_____

- Ele tem os seguintes superpoderes:
_____
_____
_____
_____
_____
_____
_____

FICHA 9 — PARTE 1

A música no Brasil

IDENTIFICAÇÃO E OBSERVAÇÃO

A música está presente no Brasil desde antes da colonização, pois os indígenas já a tocavam e confeccionavam instrumentos.

Com a chegada da família real portuguesa em 1808, as pessoas, influenciadas por hábitos europeus, passaram a ouvir o minueto, música de origem francesa, e dançá-lo em pequenos salões.

Dom Pedro I era um grande apreciador de música e foi o compositor do Hino da Independência do Brasil.

Os instrumentos musicais indígenas são usados até hoje nas músicas brasileiras.

A influência africana na música brasileira em *Negros dançando fandango no Campo de Santana* (c. 1822), de Augustus Earle. Aquarela sobre tela, 21 cm × 34 cm.

Primeiros sons do Hino da Independência (1922), de Augusto Bracet. Óleo sobre tela, 250 cm × 190 cm.

FICHA 9 PARTE 2 — A música no Brasil

IDENTIFICAÇÃO E OBSERVAÇÃO

A música no Brasil é representada por grandes nomes, como Chiquinha Gonzaga, Carmen Miranda, Adoniran Barbosa, Tom Jobim, Vinicius de Moraes, Roberto Carlos, Gal Costa e Adriana Calcanhoto.

A música brasileira é apreciada em todo o mundo por seu ecletismo, que é a marca do nosso país.

Chiquinha Gonzaga (1847-1935).

Carmen Miranda (1909-1955).

Adoniran Barbosa (1910-1982).

Tom Jobim (1927-1994).

Gal Costa (1945-2022).

Roberto Carlos (1941-).

Vinicius de Moraes (1913-1980).

Adriana Calcanhoto (1965-).

FICHA 10

Trabalhando ao som da música brasileira

EXPRESSÃO MUSICAL, DESENHO E PINTURA

Trecho da música:
_____
_____
_____
_____
_____
_____
_____
_____
_____
_____
_____
_____

FICHA 11 — PARTE 1

A música na arte visual brasileira

EXPRESSÃO MUSICAL, OBSERVAÇÃO, DESENHO, PINTURA E FOTOGRAFIA

O violeiro (1899), de Almeida Júnior. Óleo sobre tela, 141,0 cm × 172,0 cm.

Chico violeiro, de Mauricio de Sousa (Releitura).

FICHA 11 — PARTE 2

A música na arte visual brasileira

EXPRESSÃO MUSICAL, OBSERVAÇÃO, DESENHO, PINTURA E FOTOGRAFIA

FICHA 12

Figuras geométricas em obras de arte

OBSERVAÇÃO

Observe essas obras e identifique nelas as figuras geométricas que você já conhece.

Sexta-feira 1 (1951), de Auguste Herbin. Óleo sobre tela, 96 cm × 129 cm.

Castelo e sol (1928); de Paul Klee. Óleo sobre tela, 50 cm × 59 cm.

FICHA 13 — PARTE 1

Criando obra de arte com figuras geométricas

DESENHO E RECORTE

FICHA 13 — PARTE 2

Criando obra de arte com figuras geométricas

DESENHO E RECORTE

Criando obra de arte com figuras geométricas

FICHA 14 — Jogo do Tangram

RECORTE

O Tangram é um quebra-cabeça chinês de sete peças, cuja invenção remonta à Antiguidade. Diz a lenda que Tan, imperador chinês do século XVI, derrubou um ladrilho de barro que se partiu em sete pedaços. Ele jamais conseguiu juntar as peças para reconstituir o ladrilho, mas percebeu que, com as sete peças, era possível criar várias formas, daí a origem do Tangram.

O objetivo do jogo é reproduzir determinada forma, geralmente escolhida de uma coleção de modelos. As regras são simples: todas as peças devem sempre ser usadas e colocadas de maneira plana, sem sobreposições.

Veja quantas formas são possíveis ser criadas com o Tangram.

NOME: _____

Jogo do Tangram

FICHA 15 — PARTE 1

Arte e cultura africanas: Nação Ndebele

OBSERVAÇÃO

Mulher da comunidade Ndebele, com sua vestimenta tradicional.

Povo Ndebele

O grupo étnico ou comunidade Ndebele fica na África do Sul, ao norte da Pretória. Essa comunidade tem cerca de 650 mil integrantes e costumes bastante curiosos. Gostam de pintar as casas com muitas cores. E uma casa bem pintada mostra que a mulher que vive nela é boa mãe e esposa.

Em geral, é a mulher que se responsabiliza pelas pinturas da fachada e do interior da casa. Costumam utilizar figuras geométricas e cores vibrantes.

Desenhos feitos nas paredes das casas do povo Ndebele.

Detalhe de pintura feita na parede.

Estampa inspirada nos grafismos do povo Ndebele.

Arte e cultura africanas: Nação Ndebele

Arte e cultura africanas: Nação Ndebele

FICHA 15 — PARTE 2

PINTURA

Arte e cultura africanas: Nação Ndebele

FICHA 16 — Cartaz — INTERPRETAÇÃO

VOCÊ JÁ FEZ BULLYING COM ALGUÉM?

NÃO ME LEMBRO | SIM... QUE VERGONHA

ACABAR COM O BULLYING #ÉDAMINHACONTA

UNICEF/DIVULGAÇÃO/FACEBOOK

O QUE É O NOVO CORONAVÍRUS? (COVID-19)

O **coronavírus** faz parte de uma grande família viral que causa infecções respiratórias em seres humanos e em animais.

SAIBA COMO PREVENIR

- cubra sempre o nariz e a boca ao tossir e ao espirrar
- utilize lenços descartáveis, jogue-os no lixo após o uso
- lave as mãos frequentemente com água e sabão
- evite tocar olhos, nariz e boca
- não compartilhe objetos de uso pessoal

saudeprefsp — prefeitura.sp.gov.br/covisa — CIDADE DE SÃO PAULO

PREFEITURA DE SÃO PAULO

---

21 DE SETEMBRO — DIA DA ÁRVORE

PLANTE UMA MUDA, E MUDE O PLANETA!

DISTRIBUIÇÃO GRATUITA DE MUDAS

DAS 10 ÀS 16H

REALIZAÇÃO — SECRETARIA MUNICIPAL DO MEIO AMBIENTE — APOIO NORTH 10 ANOS

NORTH SHOPPING BARRETOS

---

46 MOSTRA INTERNACIONAL DE CINEMA

2019 • 02.11.2022

KOBRA

MOSTRA INTERNACIONAL DE CINEMA

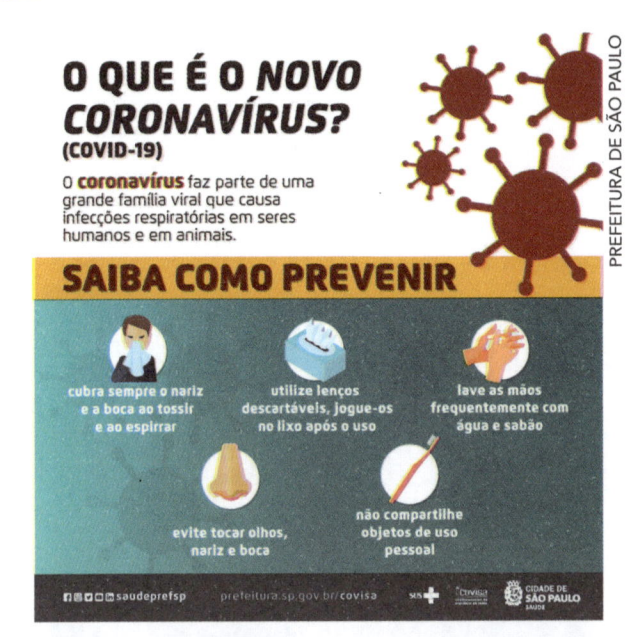

GOVERNO DO ESTADO DE SÃO PAULO, POR MEIO DA SECRETARIA DE CULTURA E ECONOMIA CRIATIVA E AMIGOS DA ARTE APRESENTA

HIP-HOP SP 2019: HISTÓRIA, DIVERSIDADE & ECONOMIA CRIATIVA

20 NOV E 08 DEZ
NO TEATRO SÉRGIO CARDOSO

HIP HOP SP

amigos da arte — SÃO PAULO GOVERNO DO ESTADO

ENCONTRO PAULISTA DE HIP HOP

Cartaz — 32

FICHA 17 — Elaboração de cartaz

MONTAGEM

Nomes dos alunos: _____

Tema escolhido para o cartaz: _____

Mensagem que queremos transmitir com o cartaz: _____

A quem se destina o cartaz: _____

O que pretendemos com o cartaz: _____

Onde deve ser colado o cartaz: _____

Imagens do que e quem vai trazer: _____

Nome de quem vai digitar e imprimir ou escrever à mão o texto: _____

Cor do papel *color set* ou da cartolina: _____

Após a produção, relatem se seus objetivos foram atingidos, se todo o grupo participou da atividade e se vocês alcançaram o resultado que esperavam:

_____
_____
_____
_____
_____
_____
_____
_____
_____
_____

FICHA 18 PARTE 1 — O movimento impressionista

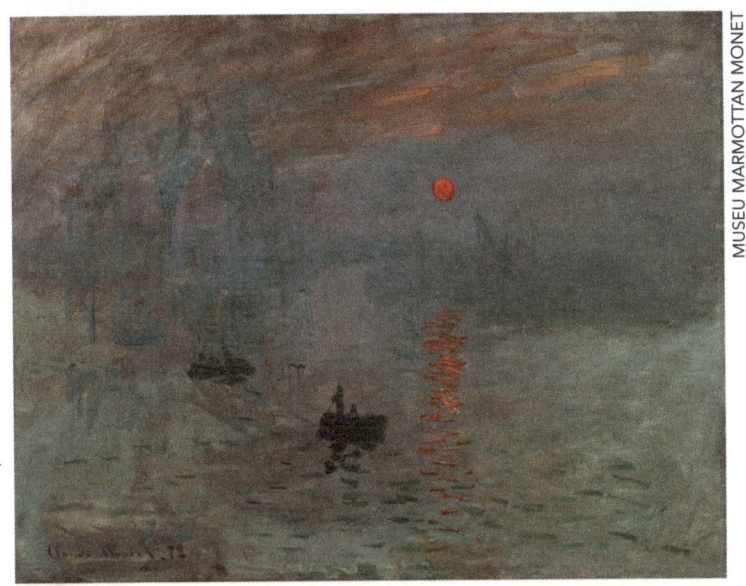

OBSERVAÇÃO

Impressão, nascer do sol (1872), de Claude Monet. Óleo sobre tela, 63 cm × 48 cm.

Aldeia perto de Pontoise (s/d), de Camille Pissarro. Óleo sobre tela, sem dimensões.

A ferrovia (1873), de Édouard Manet. Óleo sobre tela, 93,3 cm × 114,5 cm. Esta é a última obra pintada pelo artista.

FICHA 18 — PARTE 2

O movimento impressionista

OBSERVAÇÃO

O baile no Moulin de la Galette (1876), de Pierre-Auguste Renoir. Óleo sobre tela, 175 cm × 131 cm.

MUSEU D'ORSAY, PARIS

Cavalos de corrida antes das arquibancadas (1872), de Edgar Degas. Óleo sobre tela, 61 cm × 46 cm.

MUSEU D'ORSAY, PARIS

Borda do rio (1883-1884), de Georges Seurat. Têmpera sobre tela, sem dimensões.

HYDE COLLECTION ART MUSEUM, GLENS FALLS, NOVA YORK, EUA

FICHA 19 — Desenhando ao ar livre

DESENHO E PINTURA

NOME: _____

Desenhando ao ar livre

FICHA 20 — PARTE 1

Teatro: fantoche e marionete

IDENTIFICAÇÃO E OBSERVAÇÃO

Os fantoches são bonecos ocos, manipulados, em que o ator coloca as mãos e os braços por dentro deles para fazer os movimentos que deseja e usa sua fala para dar vida à personagem.

Os fantoches são divertidos e atraem crianças e adultos.

> Existem fantoches de mão e braço, de dedos e de vara.

Teatro: fantoche e marionete

FICHA 20 — PARTE 2

Teatro: fantoche e marionete

IDENTIFICAÇÃO E OBSERVAÇÃO

As marionetes são bonecos, normalmente de madeira, articulados com algumas cordas. A mais famosa marionete é do boneco Pinóquio, produzido a partir do livro escrito por Carlo Collodi.

Teatro: fantoche e marionete

FICHA 21

Teatro: fantoche de mão

RECORTE E COLAGEM

Realize a atividade na ficha correspondente, no **Material complementar**. Observe o passo a passo a seguir.

Kirigami

FICHA 22

RECORTE, COLAGEM E DOBRADURA

Realize a atividade na ficha correspondente, no **Material complementar**. Observe o passo a passo a seguir.

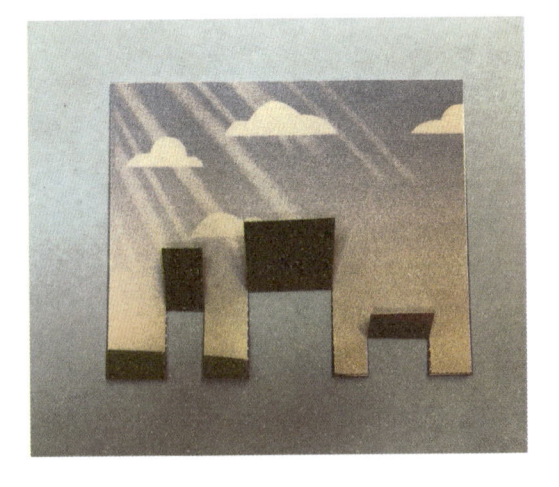

ACERVO DAS AUTORAS

FICHA 23 — PARTE 1
Patrimônio cultural e histórico: bens imóveis

MODELAGEM COM ARGILA E PINTURA

Artesanato do Vale do Jequitinhonha

Entre os inúmeros bens materiais do Brasil, vale ressaltar o artesanato do Vale do Jequitinhonha, situado na região nordeste de Minas Gerais. A palavra "Jequitinhonha" é de herança indígena e significa "rio largo e cheio de peixes". A região é banhada pelo Rio Jequitinhonha. O artesanato do Vale do Jequitinhonha tem lindas peças, feitas, na grande maioria, de barro e cerâmica, mas os artesãos trabalham também com o trançado de fibras.

FICHA 23 — PARTE 2

Patrimônio cultural e histórico: bens imóveis

MODELAGEM COM ARGILA E PINTURA

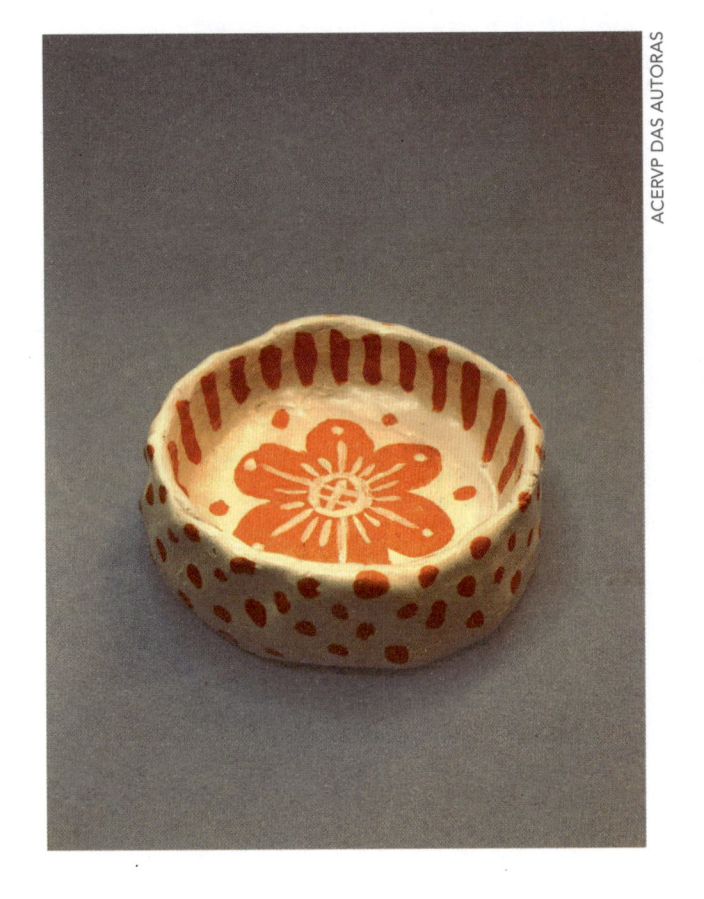

ACERVO DAS AUTORAS

Patrimônio cultural e histórico: bens imóveis

FICHA 24 PARTE 1 — Reciclagem

CONSCIENTIZAÇÃO AMBIENTAL

A reciclagem é o processo de reaproveitamento do lixo descartado, dando origem a um novo produto ou a uma nova matéria-prima.
O objetivo é diminuir a produção de rejeitos e seu acúmulo na natureza, reduzindo, assim, o impacto ambiental.
Você conhece os 5Rs da reciclagem?
Repensar, reduzir, recusar, reutilizar e reciclar são o que tem movido o mundo todo, que hoje pensa muito mais no planeta.

Materiais	Tempo de decomposição na natureza
Papel e papelão	de 3 a 6 meses
Embalagens plásticas	450 anos
Sacos e sacolas plásticas	mais de 100 anos
Tampas de garrafa	150 anos
Vidro	1 milhão de anos
Embalagem longa vida	até 100 anos
Latinhas de refrigerante	até 100 anos
Embalagens PET	mais de 100 anos
Chicletes	5 anos
Isopor	tempo indeterminado

Reciclagem

FICHA 24 PARTE 2 — Reciclagem

CONSCIENTIZAÇÃO AMBIENTAL

É preciso reciclar

[...]

Reciclar, reciclar
É preciso reciclar!
Reciclar, reciclar
A gente tem que reciclar!

E o lixo transformado
Não será mais despejado
Nos campos, nos rios
Nas ruas e cidades
Pra nossa felicidade!

[...]

É preciso reciclar. Turma da Mônica. Disponível em: https://www.letras.mus.br/turma-da-monica/1000315/. Acesso em: 18 maio 2023.

Estufa construída com garrafas PET.

Materiais de construção feitos com plástico reciclável.

Parede de casa construída com concreto, vidro e garrafas PET.

FICHA 24-A PARTE 1

Reciclagem

OBSERVAÇÃO E CONFECÇÃO DE OBJETOS COM MATERIAL RECICLÁVEL

Tartaruga Marinha reciclada, de Sandro Rodrigues.

Dom Quixote e Sancho Pança, esculturas com material reciclado criada por integrantes de uma cooperativa de coleta seletiva. Conjunto Nacional, São Paulo, SP.

Tigre de Sumatra, de Bordalo II. Escultura com lixo, 10 m × 7 m, instalada no Gardens in the Bay, Singapura.

Escultura de peixe criada com lixo encontrado no mar entre a Dinamarca e a Suécia. Helsingor, Dinamarca.

FICHA 24-A — PARTE 2

Reciclagem

OBSERVAÇÃO E CONFECÇÃO DE OBJETOS COM MATERIAL RECICLÁVEL

1. O que você acha das obras de arte feitas com material reciclável?
_____
_____
_____

2. Quais materiais você usou para fazer sua obra de arte?
_____
_____
_____

3. Qual foi a maior dificuldade que enfrentou para construir a obra de arte?
_____
_____
_____

4. Você ficou satisfeito com o resultado da sua obra? Por quê?
_____
_____
_____

5. Dê um nome para sua obra.
_____
_____
_____

6. Se possível, cole uma foto da sua obra.

Reciclagem

Vaso de garrafa PET

FICHA 25 — PARTE 1

CONFECÇÃO DE OBJETO COM MATERIAL RECICLÁVEL

> Realize a atividade na ficha correspondente, no **Material complementar**. Observe o passo a passo a seguir.

Não passar cola.

Vaso de garrafa PET

FICHA 26

Reciclagem com lata: porta-lápis

CONFECÇÃO DE OBJETO COM MATERIAL RECICLÁVEL

48

FICHA 27 — PARTE 1

A dança no Brasil

EXPRESSÃO MUSICAL E CORPORAL

A dança é a arte do corpo em movimento e está presente em todas as culturas, desde a Pré-História até os dias atuais. No Brasil, temos inúmeras danças, algumas de origem indígena, outras de origem africana.

As danças são um importante elemento cultural da humanidade; no Brasil, que tem uma cultura tão rica e diversificada, a gama de modalidades é grande e essencial à cultura de novo povo.

O folclore brasileiro é rico em danças que representam as tradições e a cultura de determinada região.

A dança da tradicional festa do bumba meu boi, que ocorre no Nordeste e Norte do Brasil.

Maracatu, dança típica da Região Nordeste do Brasil.

Siriri, dança típica da Região Centro-Oeste do Brasil.

FICHA 27 PARTE 2 — A dança no Brasil

EXPRESSÃO MUSICAL E CORPORAL

Xiba, tipo de dança do litoral de São Paulo, Região Sudeste do Brasil.

Samba, uma dança típica em todo o Brasil.

Dança das fitas, típica da Região Sul do Brasil.

FICHA 28 — A dança folclórica no Brasil

DESENHO E PINTURA

FICHA 29 PARTE 1 — Escultura

OBSERVAÇÃO

A palavra **escultura** vem do latim "esculpir" e indica a arte de escavar uma forma em material duro, que pode ser pedra, madeira, osso, marfim, arenito, calcário, mármore, pedra-sabão, entre outros.

Há, também, a escultura feita por modelagem, que indica a arte de modelar um material macio, como argila, cera, papel machê.

Pietá (1499), de Michelangelo Buonarotti. Escultura em mármore, 174 cm × 195 cm.

Via-crúcis: O Carregamento da cruz (O salvador carregando o madeiro), (entre 1796 e 1799), de Antonio Francisco Lisboa, o Aleijadinho. Esculturas em cedro; madeira policromada, várias dimensões.

O pensador (1904), de Auguste Rodin. Escultura em bronze, 186 cm.

FICHA 29 — PARTE 2

Escultura

OBSERVAÇÃO

Escultura de Lampião e Maria Bonita feita com modelagem de argila por Mestre Vitalino.

Escultura feita em sabonete.

Escultura de Michael Jackson com modelagem em cera. Museu Grevin, Praga.

FICHA 30

Escultura em sabonete

ESCULTURA

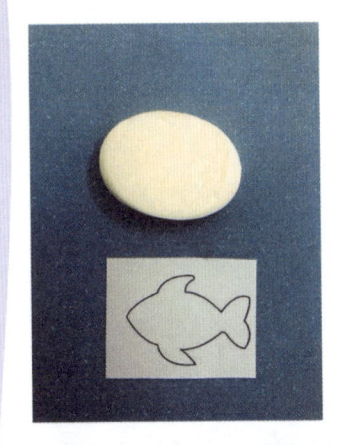

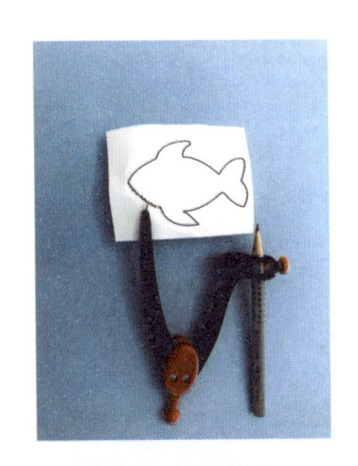

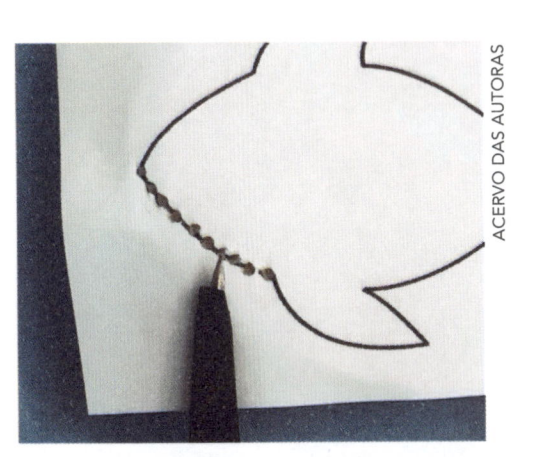

Jogo de cinzel usado para esculpir.

Escultura em sabonete

54

FICHA 31 — Escultura com massa de modelar com argila

ESCULTURA

Deus do barro

[...]

O boneco do mestre Vitalino
É grandeza por ter simplicidade
Pelo barro ele fez o seu destino
Pelo barro ganhou eternidade
Pra fazer com amor é preciso fé
Da mistura da lama saber tirar a imagem
De toda Maria e todo Zé
Tudo aquilo que a terra pudesse dar

[...]

Deus do barro. Marron Brasileiro; Petrúcio Amorim e Rogério Rangel. Disponível em: https://www.letras.mus.br/petrucio-amorim/905056/. Acesso em: 18 maio 2023.

FICHA 32

A ARTE DE Aldemir Martins

OBSERVAÇÃO

Aldemir Martins (1922-2006)

Artista plástico brasileiro, suas obras são inconfundíveis pelos traços fortes e pelas cores vibrantes; ele é um artista que retrata o Brasil, sua natureza e seu povo.

Gato Azul III (1987), de Aldemir Martins. Acrílica sobre tela, 46 cm × 55 cm.

Paisagem (1946), de Aldemir Martins. Óleo sobre tela colada sobre madeira, 33 cm × 46 cm.

A arte de Aldemir Martins

FICHA 33 PARTE 1

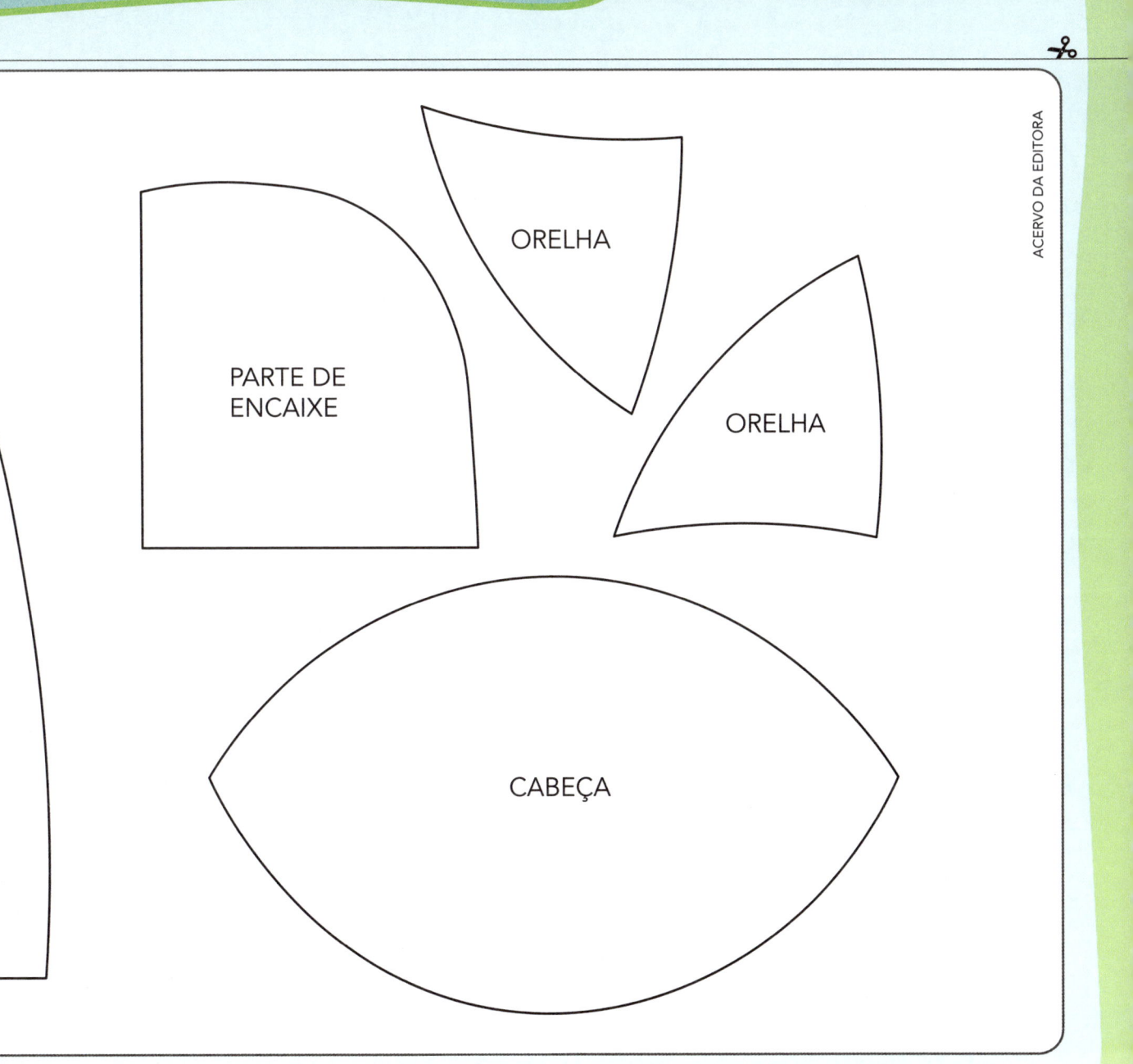

FAZENDO ARTE COM Aldemir Martins

RECORTE E MONTAGEM

- CORPO
- PARTE DE ENCAIXE
- ORELHA
- ORELHA
- CABEÇA

ACERVO DA EDITORA

Fazendo arte com Aldemir Martins

FICHA 33 PARTE 2

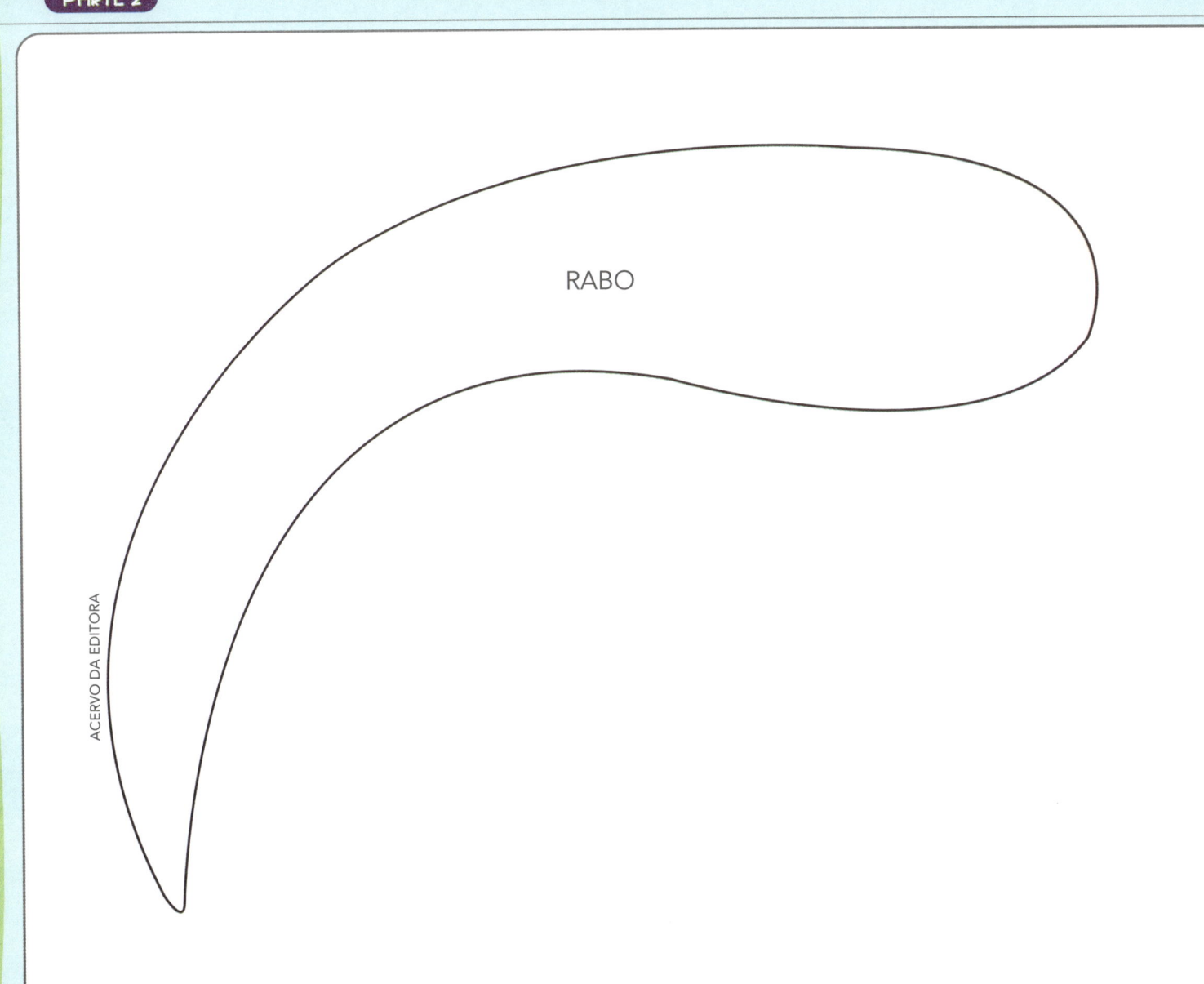

FAZENDO ARTE COM Aldemir Martins

RECORTE E MONTAGEM

RABO

ACERVO DA EDITORA

ACERVO DAS AUTORAS

Fazendo arte com Aldemir Martins

FICHA 34 PARTE 1

As notas musicais

EXPRESSÃO MUSICAL

As notas Dó, Ré, Mi, Fá, Sol, Lá e Si formam a escala de Dó Maior.

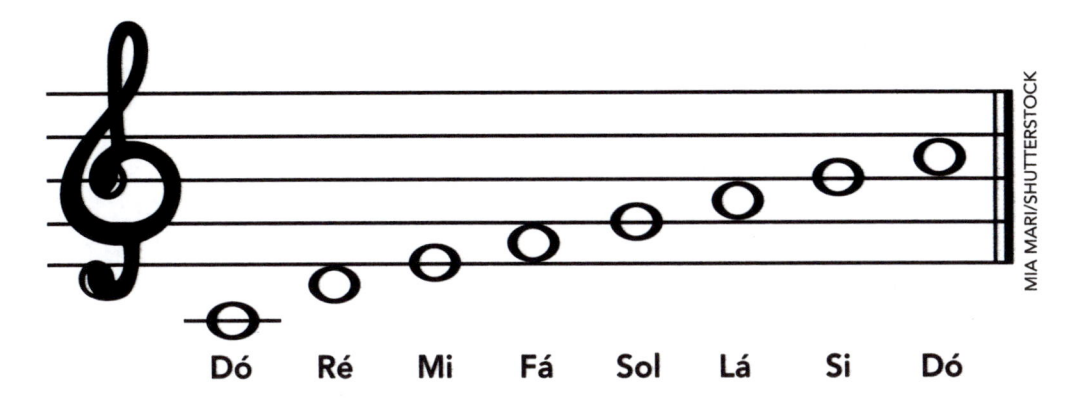

Dó   Ré   Mi   Fá   Sol   Lá   Si   Dó

- Desenhe as notas musicais na pauta.

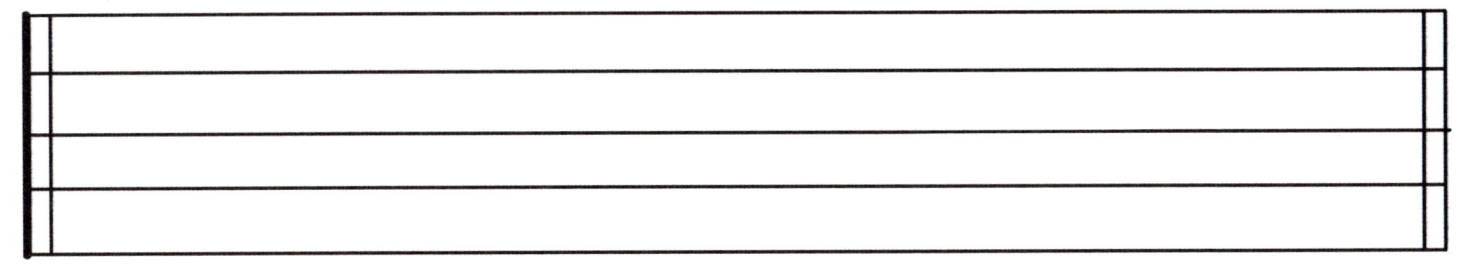

As notas Dó, Ré, Mi, Fá, Sol, Lá e Si formam a escala de Dó Maior.

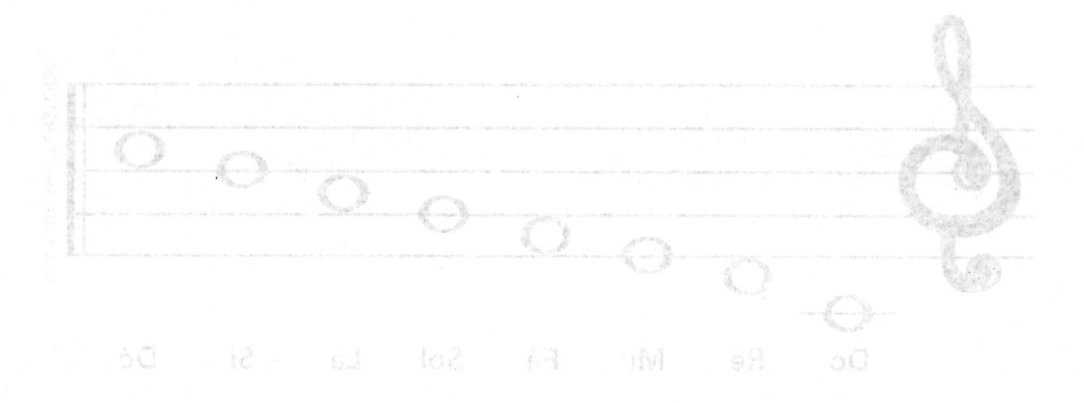

- Desenha as notas musicais na pauta.

FICHA 34 PARTE 2 — As notas musicais

EXPRESSÃO MUSICAL

No teclado, podemos observar que cada tecla representa uma nota musical.

Do lado esquerdo, ficam as cordas mais longas, que produzem pouca vibração – são as notas graves.

Do lado direito, estão as cordas mais curtas, que, quando pressionadas, produzem maior vibração – são as notas mais agudas.

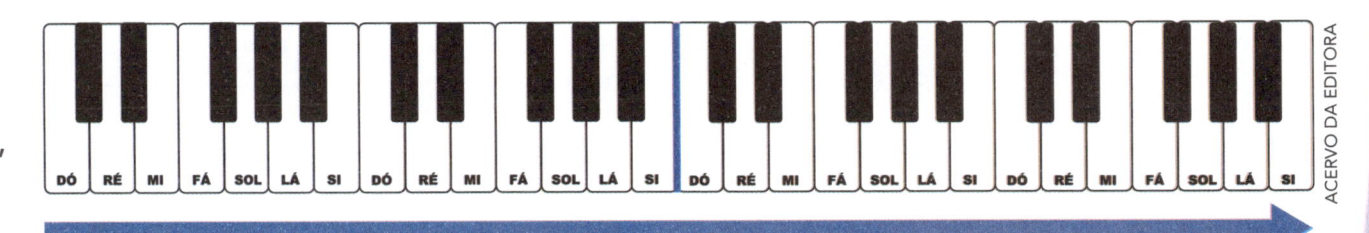

Grave → **Agudo**

As propriedades do som

Os comprimentos das cordas, quando marteladas, formam as ondas sonoras. A frequência das ondas é responsável pela **altura** dos sons, a qual nos permite reconhecer e distinguir as notas da escala musical: Dó, Ré, Mi, Fá, Sol, Lá, Si.

Observe que as notas se repetem no teclado. Podem aparecer em um piano, em um xilofone, em uma sanfona, em um teclado eletrônico ou em qualquer instrumento que apresente um teclado.

O **timbre** é a qualidade sonora das notas musicais e é determinado, principalmente, pelo tamanho e pelo tipo de material com o qual o instrumento é construído. Quando ouvimos uma mesma nota tocada por instrumentos diferentes, podemos perceber a diferença de timbre, ainda que estejam tocando a mesma nota musical. Além disso, os instrumentos podem apresentar maior ou menor **intensidade** de sons, o que significa que podem ser sons fracos ou fortes.

Quando vários instrumentos são tocados ao mesmo tempo, em uma peça ou canção, maior é a **densidade** sonora, que é a quantidade de timbres que ouvimos simultaneamente.

> As cordas do piano são acionadas por meio do teclado, enquanto as cordas do violino são acionadas pela vara que corre sobre elas.
>
> O tamanho do violino, comparado ao do piano, muda o timbre das notas musicais.

FICHA 34 — PARTE 3

As notas musicais

EXPRESSÃO MUSICAL

Peixe vivo

Folclore

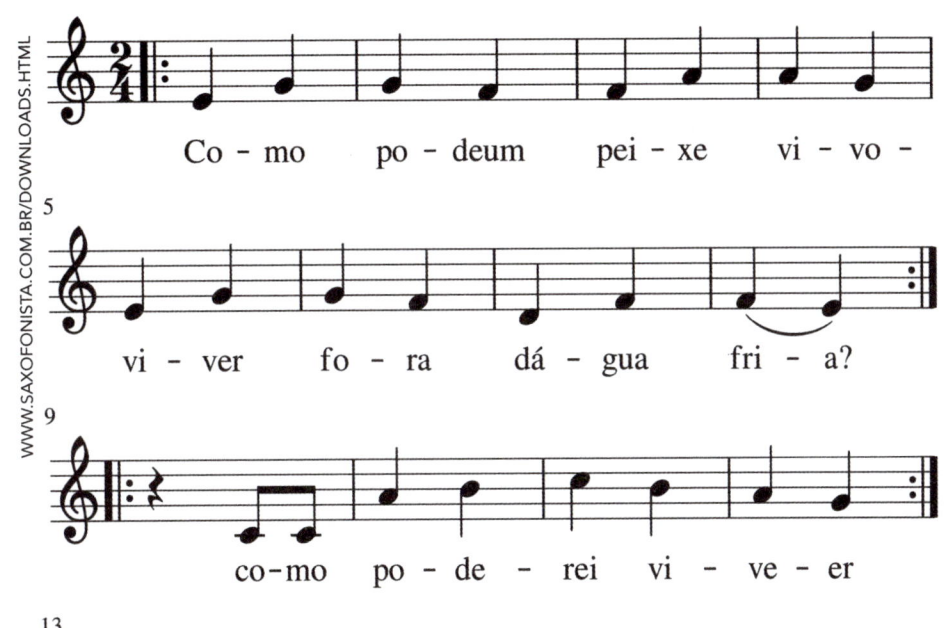

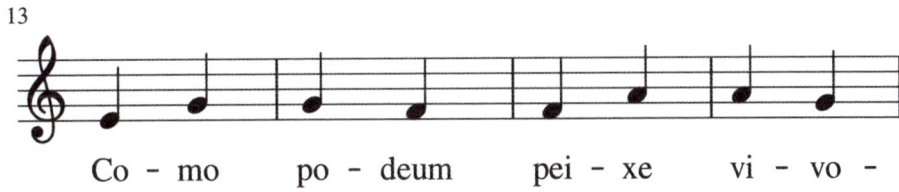

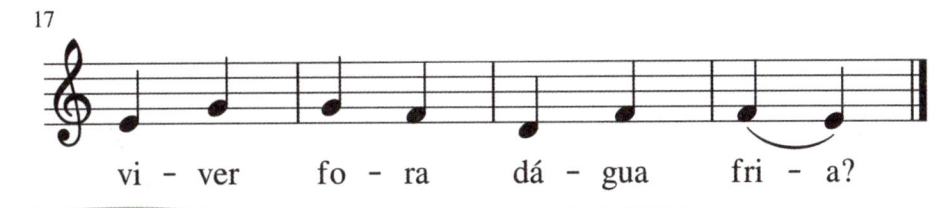

Co - mo po - deum pei - xe vi - vo -
vi - ver fo - ra dá - gua fri - a?
co-mo po - de - rei vi - ve - er
Co - mo po - deum pei - xe vi - vo -
vi - ver fo - ra dá - gua fri - a?

> A partitura é a representação escrita de uma música. Essa escrita é universal, ou seja, é a mesma no mundo todo.
>
> As notas musicais são escritas criando uma melodia que pode ou não acompanhar uma letra. No caso da partitura ao lado, podemos ver a melodia e a letra da canção *Peixe vivo*.

FICHA 35 PARTE 1 — Orquestra

EXPRESSÃO MUSICAL

Orquestra é um grupo de músicos e de instrumentos musicais de diferentes tipos. Esses músicos são divididos e posicionados de acordo com quatro famílias de instrumentos: as cordas, o sopro, os metais e a percussão.

A orquestra é posicionada em semicírculo para melhor visão do maestro e da qualidade dos sons produzidos.

Observe que, na orquestra, todos os integrantes têm uma partitura, que é a letra da música que vão executar. Seja qual for o instrumento, a partitura é a mesma. Os sons diferentes de cada instrumento fazem a melodia da música ser bastante atraente.

FICHA 35 PARTE 2 — Orquestra

DESENHO E PINTURA

FICHA 36

Imagem e movimento: Taumatrópio

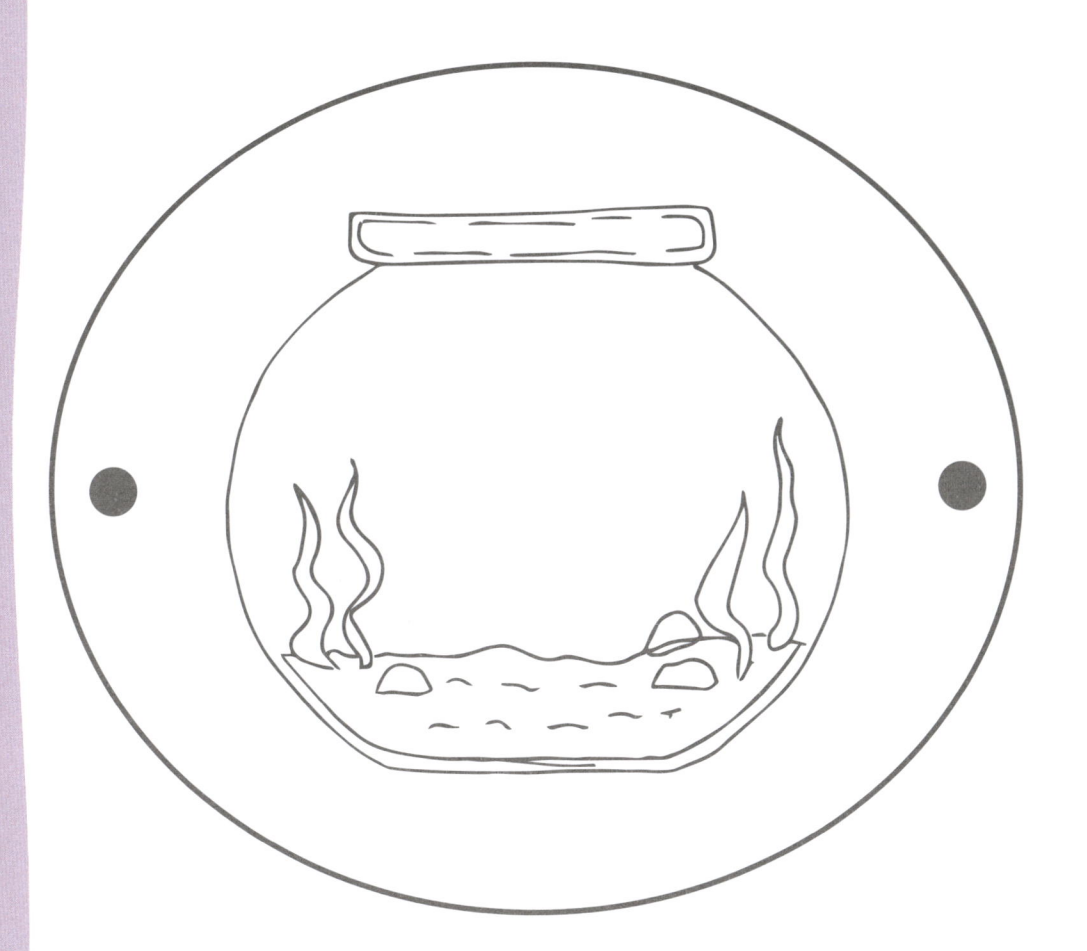

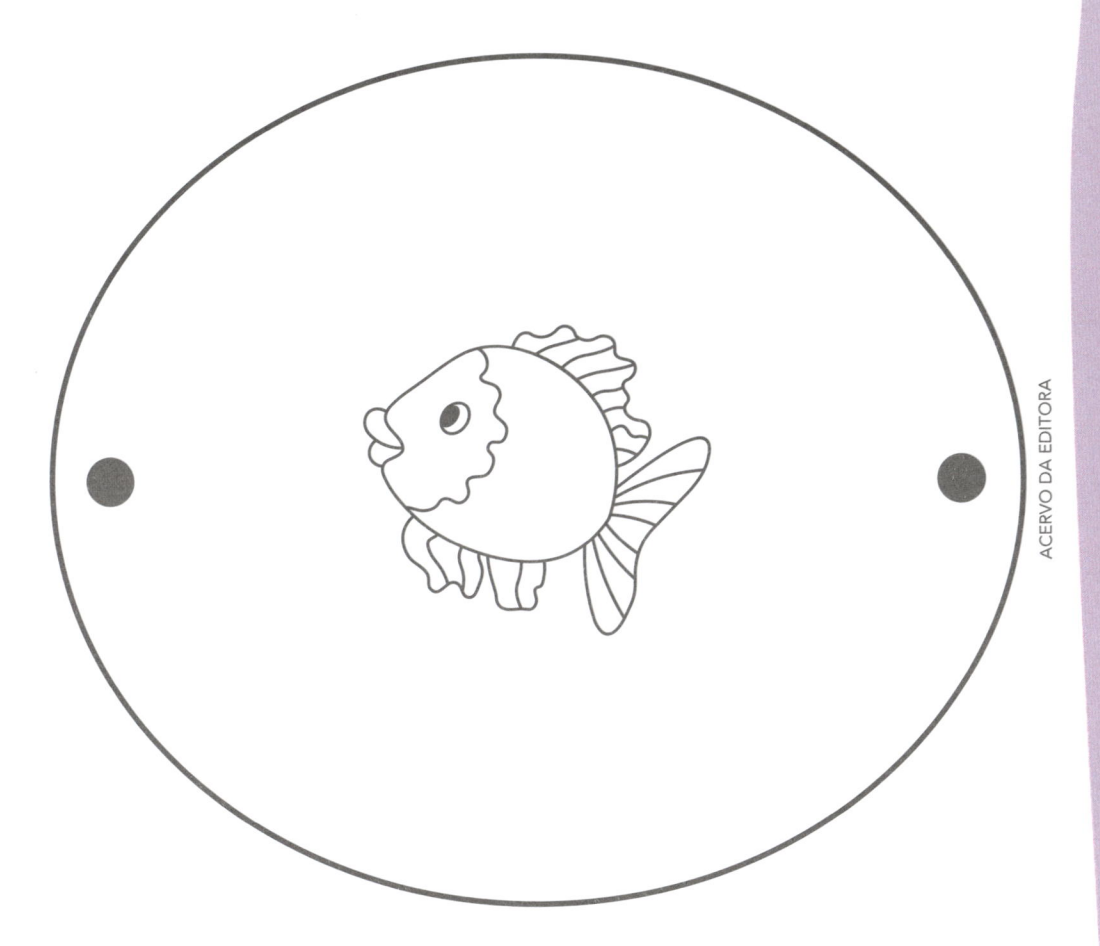

PINTURA, RECORTE E COLAGEM

Imagem e movimento: Taumatrópio

64

FICHA 37 — PARTE 1

Arte e cultura indígenas: Arissana Pataxó

OBSERVAÇÃO

Arissana Pataxó (1983-)

Aos 19 anos, Arissana Pataxó já dava aulas na Escola Indígena Pataxó de Coroa Vermelha, no litoral sul da Bahia. "Trabalhava com alfabetização de séries do primeiro ao terceiro ano", lembra. Além disso, sempre teve um lado artístico aflorado, "como toda criança". Como afirma: "A diferença é que não parei de desenhar, pintar".

Hoje, Arissana, além de professora, é artista plástica que se destaca na arte indígena.

Foi a primeira indígena a concorrer ao Prêmio Pipa, uma das maiores premiações de arte contemporânea do Brasil, ficando em segundo lugar.

Indígenas em foco (2016), de Arissana Pataxó Braz. Acrílica sobre tela, 80 cm × 50 cm.

Sem título (2008[3]). Série Grafismo Pataxó, de Arissana Pataxó Braz. Técnica mista sobre eucatex, 50 cm × 60 cm.

Arte e cultura indígenas: Arissana Pataxó

FICHA 38 — Fotografia

OBSERVAÇÃO

Fotografia é a imagem de um objeto fixado por meio de projeção óptica em um suporte (analógico ou digital) sensível à luz. A palavra **fotografia** vem do grego *phos*, que significa "foto", e *graphis*, que significa "grafia". Portanto, fotografia significa, literalmente, escrever (caligrafia) com luz (fotos), ou desenhar com a luz.

Observe exemplos de alguns tipos de fotografia:

- **fotografia de retrato**: são fotografias que mostram um rosto em destaque;
- **fotojornalismo**: são fotografias que têm como principal objetivo transmitir informações;
- **fotografia publicitária**: são fotografias que têm como objetivo divulgar e comercializar um produto ou uma marca;
- **fotografia infantil**: é um novo tipo de fotografia; são fotos tiradas para acompanhar a vida de um bebê;
- **macrofotografia**: é quando se amplia um item mais de 10 vezes;
- **fotografia artística**: é a fotografia não convencional, que tem o objetivo de fazer arte, mostrar um momento de modo ousado;
- **fotografia esportiva**: revela momentos importantes do esporte;
- **fotografia de turismo**: são as mais comuns; todos que viajam gostam de tirar fotos dos lugares que conhecem;
- **fotografia de culinária**: hoje, é muito comum vermos, nas redes sociais, fotos de alimentos. Até quem vai comer algo diferente costuma tirar uma foto do prato antes de degustar o alimento.

FICHA 39 — Fotografando

FOTOGRAFIA

Algumas dicas para tirar uma boa foto com o *smartphone*.

1. Mantenha as lentes sempre limpas. Os *smartphones* ficam em contato com as mãos, e as lentes da câmera costumam ficar sujas, embaçadas.
2. Segure o aparelho com as duas mãos – isso dá mais firmeza e evita fotos tremidas.
3. Quanto mais luz, melhor será a foto. Procure um lugar claro ou use luz artificial, pois o importante é ter luz. Lembre-se de que fotografar é desenhar com a luz!
4. Posicione o aparelho na vertical ou na horizontal, de acordo com o que pretende fotografar.
5. Quando a câmera é posicionada, aparecem algumas linhas formando um jogo da velha; toque no centro para focar melhor a câmera.
6. Depois de feitas, as fotos podem ser editadas, mudando o brilho, o contraste, a cor, entre outros recursos. Faça algumas experiências para ver como ficam suas fotos!

SHUTTERSTOCK

Registro da minha experiência com a fotografia

- Qual aparelho foi usado para tirar as fotografias?

- Alguém me explicou como usar a câmera do *smartphone*? Quem?

- Quantas fotos tirei? Usei todas ou escolhi as melhores?

- Quais foram as dificuldades que tive para registrar o que queria?

- Usei luz natural ou luz artificial?

- Faça um relato de como foi sua experiência como fotógrafo.

FICHA 40 — Teatro de marionetes

MONTAGEM DE MARIONETE

Realize a atividade na ficha correspondente, no **Material complementar**. Observe o passo a passo a seguir.

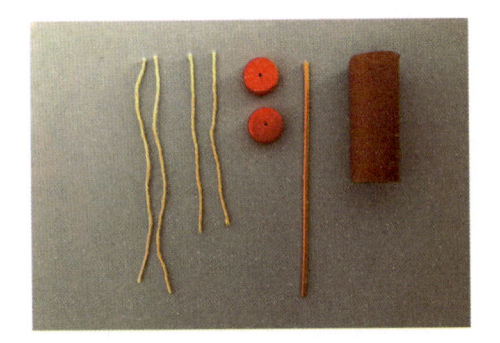

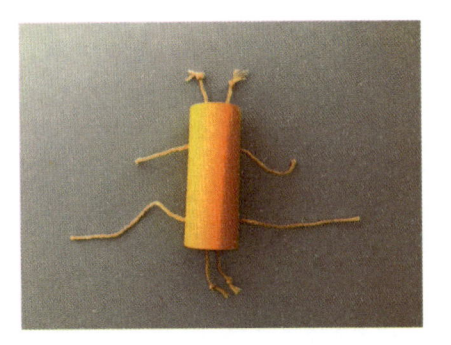

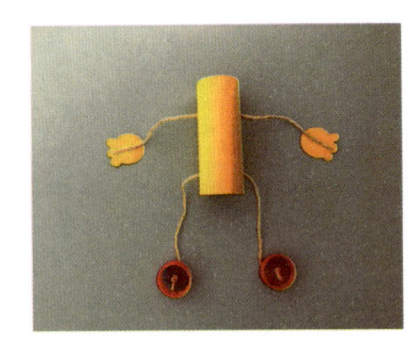

FICHA 41 – PARTE 1

Teatro: peça *O Casamento da Dona Baratinha*

EXPRESSÃO CORPORAL E ENCENAÇÃO

Narrador
Dona Baratinha gostava de manter sua casa sempre arrumada.
(*Entra Dona Baratinha cantando, com lenço na cabeça e um avental.*)
Um dia, ela resolveu fazer uma faxina.
(*Dona baratinha pega a vassoura e começa a varrer.*)
Dona Baratinha estava varrendo, quando encontrou uma moeda de ouro.
(*Expressão de surpresa e depois de alegria.*)

Dona Baratinha
– Veja o que encontrei! (*Mostra a moeda à plateia.*)
– Agora estou rica. Já posso me casar. Preciso encontrar um noivo.
(*Sai de cena.*)

Narrador
À tardinha, Dona Baratinha põe uma fita no cabelo, o dinheiro em uma caixinha e vai para a janela, esperando alguém para se casar com ela.
(*Dona Baratinha tira o lenço do cabelo, põe uma fita e vai para a janela sacudindo a caixinha e cantando.*)

Dona Baratinha
– Quem quer se casar com a Dona Baratinha, que tem fita no cabelo e dinheiro na caixinha?

Narrador
O primeiro pretendente a aparecer foi o pato, o jovem mais educado da cidade. (*Entra o pato andando devagar e para em frente à janela.*)

Pato
– Quero me casar com a senhora, Dona Baratinha. (*Dona Baratinha faz uma expressão feliz.*)

Narrador
Dona Baratinha ficou feliz, pois o Pato era bonito e elegante. Mas, antes de qualquer coisa, achou melhor lhe perguntar:

Dona Baratinha
– E como é a sua voz?

Pato (*O Pato estufa o peito e grasna forte.*)
– Quá, quá, quá...

Dona Baratinha (*Põe as mãos na orelha.*)
– Ai, ai... Não quero me casar com o senhor. Deus me livre de tal noivo, grasnando dessa maneira! Terei susto todo dia, terei medo a noite inteira
(*Música Ciranda, cirandinha, e o pato sai de cena.*)

Narrador
Daí a pouco, Dona Baratinha viu o cavalo se aproximar. (*Dona Baratinha canta e sacode a caixinha.*)

Dona Baratinha
– Quem quer se casar com a Dona Baratinha, que tem fita no cabelo e dinheiro na caixinha?

Cavalo
– Quero me casar com a senhora, Dona Baratinha.

Narrador
Dona Baratinha achou o cavalo muito simpático e logo perguntou:

Dona Baratinha
– Como é a sua voz?

Cavalo (*O cavalo empina a cabeça e relincha.*)
– Riii... riii... riii...

Dona Baratinha
– Deus me livre de tal noivo, relinchando dessa maneira! Terei susto todo dia, terei medo a noite inteira. (*Música Ciranda, cirandinha, e o cavalo sai de cena com a cabeça baixa.*)

Narrador
Com quem será que a dona Baratinha vai se casar? Olhem só! Lá vem o macaco, todo elegante.

Dona Baratinha (*Dona Baratinha canta e sacode a caixinha.*)
– Quem quer se casar com a Dona Baratinha, que tem fita no cabelo e dinheiro na caixinha?

Macaco
– Eu quero, eu quero!

Dona Baratinha
– Como é a sua voz?

FICHA 41 — PARTE 2

Teatro: peça O Casamento da Dona Baratinha

EXPRESSÃO CORPORAL E ENCENAÇÃO

Macaco (*Faz uma careta e guincha.*)
– Quiii... quiii... quiii...

Dona Baratinha
– Deus me livre de tal noivo, guinchando dessa maneira! Terei susto todo dia, terei medo a noite inteira. (*Música Ciranda, cirandinha, e o macaco sai de cena com a cabeça baixa.*)

Narrador
Dona Baratinha não desanimou, continuou na janela cantando.

Dona Baratinha
– Quem quer se casar com a Dona Baratinha, que tem fita no cabelo e dinheiro na caixinha?

Bode (*chega o bode e diz:*)
– Eu quero!

Dona Baratinha
– Como é a sua voz?

Bode (*O bode bale.*)
– Béééé... béééé... béééé...

Narrador
Mais uma vez, Dona Baratinha ficou triste e disse:

Dona Baratinha
– Deus me livre de tal noivo, balindo dessa maneira! Terei susto todo dia, terei medo a noite inteira. (*Música Ciranda, cirandinha, e o bode sai de cena.*)

Narrador
Dona Baratinha já estava desanimada. Olha só quem vem lá! O gato, cheio de prosa.

Dona Baratinha (*Sacode a caixinha, chamando a atenção do gato.*)
– Quem quer se casar com a Dona Baratinha, que tem fita no cabelo e dinheiro na caixinha?

Gato
– Eu quero me casar com a senhora, Dona Baratinha.

Dona Baratinha
– Então, gato, mostre-me como é a sua voz.

Gato (*Mia bem forte.*)
– Miau, miau, miau...

Dona Baratinha
– Deus me livre de tal noivo, miando dessa maneira! Terei susto todo dia, terei medo a noite inteira. (*Música Ciranda, cirandinha, e o gato sai de cena de cabeça baixa e triste.*)

Narrador
Dona Baratinha já pensava em desistir de arranjar um noivo, quando viu o sapo desfilar à sua frente e mais que depressa ela cantou:

Dona Baratinha
– Quem quer se casar com a Dona Baratinha, que tem fita no cabelo e dinheiro na caixinha?

Sapo
– Quero muito, Dona Baratinha.

Dona Baratinha
– Como é a sua voz?

Sapo (*coaxa.*)
– Croc, croc, croc...

Dona Baratinha
– Deus me livre de tal noivo, coaxando dessa maneira! Terei susto todo dia, terei medo a noite inteira. (*Música Ciranda, cirandinha, e o sapo sai de cena.*)

Narrador
Dona Baratinha já ia fechar a janela e desistir de procurar seu noivo, quando viu passar o rato, todo elegante, alisando os bigodes.

Dona Baratinha
– Quem quer se casar com a Dona Baratinha, que tem fita no cabelo e dinheiro na caixinha?

Rato
– Eu quero, Dona Baratinha.

Teatro: peça O Casamento da Dona Baratinha

FICHA 41 — PARTE 3

EXPRESSÃO CORPORAL E ENCENAÇÃO

Dona Baratinha
– Como é a sua voz?

Rato (*Respira fundo e chia.*)
– Cui, cui, cui...

Dona Baratinha (*Com expressão de alívio e alegria.*)
– Com você eu me caso!

Narrador
Dona Baratinha estava tão feliz que foi para a janela fazer um convite.

Dona Baratinha
– Será no próximo sábado, o dia do meu casamento! Todo mundo está convidado para esse grande momento.

Narrador
Todos os bichos compareceram à igreja para assistir ao casório. Vieram o pato, o cavalo, o macaco, o bode, o gato e o sapo.
(*Os bichos entram um a um, à medida que foram sendo chamados.*)
Enquanto os bichos vão chegando, o Quati prepara, na casa da Dona Baratinha, uma deliciosa feijoada para os convidados.

Macaco
– Vejam! A noiva está chegando!
(*Entra a Dona Baratinha vestida de branco, com véu, grinalda e buquê, ao som da marcha nupcial.*)

Dona Baratinha
– Mas onde está meu noivo?
(*Neste momento, entra o Quati gritando.*)

Quati
– Acudam, acudam! O rato caiu na panela de feijoada!
(*Saem todos correndo para fora do palco, e a música para.*)

Narrador
O guloso do rato subiu na panela de feijoada e *tchibum*! Perdeu o equilíbrio e caiu lá dentro. Engoliu tanta feijoada que foi parar no hospital.

(*Entra Dona Baratinha toda chorosa, vestida de branco, com um lenço na mão, sem véu, sem grinalda e sem buquê.*)

Dona Baratinha
– Não quero mais me casar, principalmente com um noivo que me trocou por uma panela de feijoada.

Narrador
Mas, se vocês acham que a Dona Baratinha não vai mais se casar, vejam o que aconteceu!
Certo dia, Dona Baratinha foi para a janela (*Nesse momento, passa o senhor Baratão, todo elegante, e olha para a Dona Baratinha.*)

Senhor Baratão
– Olá, linda Baratinha. O que faz aí tão sozinha?

Dona Baratinha
– Ah, estou tão triste contando as estrelas. Tenho muito dinheiro, mas não tenho um marido.

Senhor Baratão
– Não seja por isso, Dona Baratinha, quer se casar comigo?

Dona Baratinha
– Antes de decidir, responda-me: você gosta de feijoada?

Senhor Baratão
– Não, Dona Baratinha, detesto feijoada.

Dona Baratinha
– Então eu quero! Entre, e vamos combinar nosso casamento.

Narrador
Ufa, até que enfim Dona Baratinha encontrou o noivo certo! E todo mundo está convidado. (*Entram a Dona Baratinha vestida de noiva e o Baratão, todo alegre, ao som da marcha nupcial, acompanhados de todos os bichos.*)
E assim a Dona Baratinha e o Baratão se casaram e viveram felizes para sempre.

Tradição popular.

FICHA 42 — Colagem em obras de arte

OBSERVAÇÃO

Três músicos (1921), de Pablo Picasso.
Óleo sobre tela e colagem, 207 cm × 229 cm.

Tristeza do rei (1952), de Henri Matisse.
Guache e papel sobre tela, 292 cm × 386 cm.

Sonho de valsa (2004-2005), de Beatriz
Milhazes. Colagem sobre papel,
173 cm × 148 cm.

FICHA 43

Criando composição com papéis

RECORTE E COLAGEM

Realize a atividade em papel-cartão. Recorte as imagens para compor sua colagem.

ACERVO DA EDITORA

Criando composição com papéis

FICHA 44

Criando obra com colagem

COLAGEM

NOME: _____

FICHA 45 — PARTE 1
A música na arte *naïf* brasileira

OBSERVAÇÃO

A arte *naïf* é a arte da espontaneidade, da criatividade autêntica, do fazer artístico sem a rigidez dos conceitos acadêmicos. É instintiva e onde o artista se expressa de modo livre e particular.

A obra a seguir é da artista plástica brasileira Aracy. Observe-a e veja quantos detalhes ela apresenta.

Festa junina, de Aracy, s.d.
Acrílica sobre tela, 50 cm × 40 cm.

FICHA 45 — PARTE 2

A música na arte *naïf* brasileira

DESENHHO E PINTURA

NOME: _____

76

A música na arte *naïf* brasileira

FICHA 46 — A dança, o desenho e as emoções

EXPRESSÃO CORPORAL, DESENHO E PINTURA

NOME: _____

FICHA 47 PARTE 1

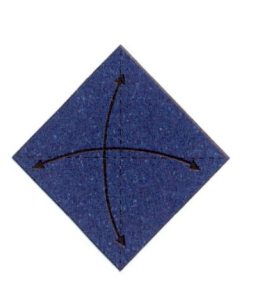

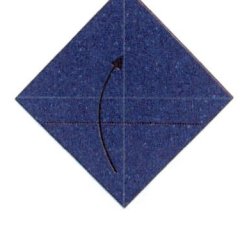

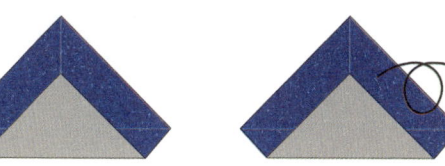

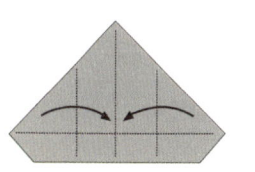

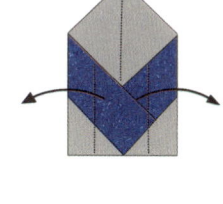

Origami: dobradura de pinguim

DOBRADURA

Origami: dobradura de pinguim

FICHA 47 — PARTE 2

Origami: dobradura de pinguim

DOBRADURA

ACERVO DA EDITORA

Origami: dobradura de pinguim

FICHA 48 — Desenho de memória

DESENHO E PINTURA

NOME: _____

FICHA 49 PARTE 1

Desenho de ilustração

DESENHO E PINTURA

O desenho de ilustração é a imagem que acompanha um texto.

São desenhos que chamam a atenção de quem está lendo, despertando ainda mais o interesse pelo que está escrito.

Em algumas situações, o desenho de ilustração esclarece algumas dúvidas.

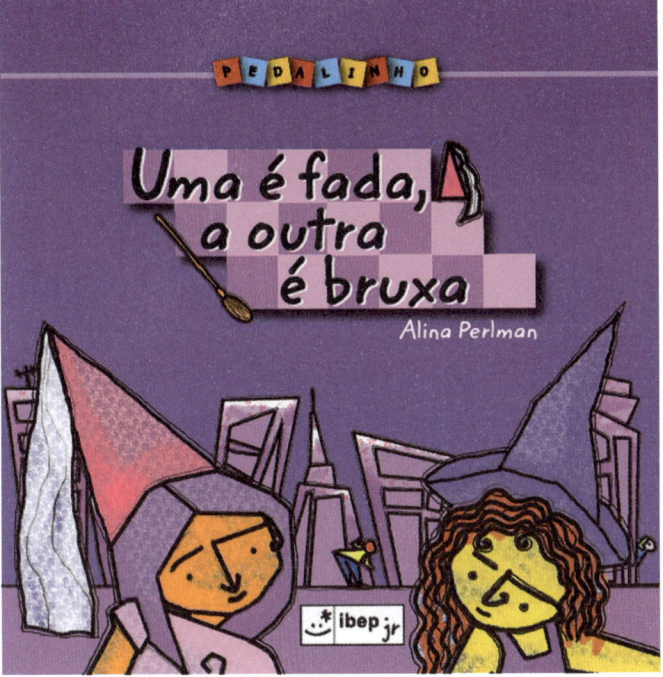

Desenho de ilustração

FICHA 49 PARTE 2 — Desenho de ilustração

DESENHO E PINTURA

NOME: _____

Desenho de ilustração

FICHA 50 — PARTE 1

Pintura em tela, com base nas obras de Claudio Tozzi

PINTURA

CLAUDIO TOZZI (1995-)

Nasceu em 7 de outubro de 1955, em São Paulo. É arquiteto, desenhista, pintor e programador visual.

É um artista brasileiro conhecido por uma técnica única de pintura, criada por ele, parecida com o pontilhismo.

Claudio Tozzi. Sem nome, 1987. Tinta acrílica sobre tela, 107 cm × 104 cm.

Claudio Tozzi. Sem nome, 1986. Acrílico sobre tela, 50 cm × 70 cm.

83

Pintura em tela, com base nas obras de Claudio Tozzi

FICHA 50 PARTE 2

Pintura em tela, com base nas obras de Claudio Tozzi

PINTURA

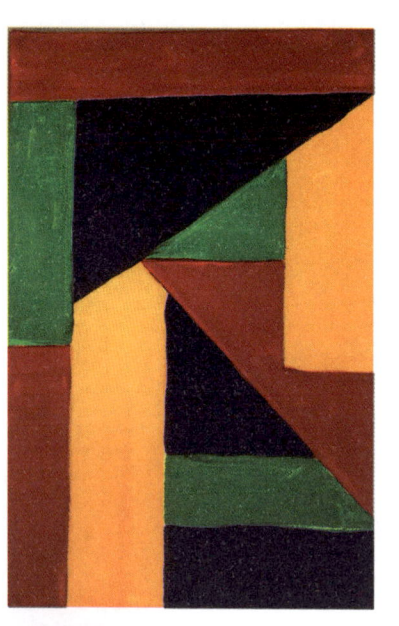

ACERVO DAS AUTORAS

Pintura em tela, com base nas obras de Claudio Tozzi

FICHA 6
PARTE 2
MATERIAL COMPLEMENTAR

FICHA 21 PARTE 1
MATERIAL COMPLEMENTAR

Colar

Colar

FICHA 21
PARTE 2
MATERIAL COMPLEMENTAR

ACERVO DAS AUTROAS

Parte integrante do livro *Arte e Habilidade* – 4º ano

FICHA 22 — PARTE 1
MATERIAL COMPLEMENTAR

O kirigami é a arte japonesa de fazer recortes em papel.
Os recortes são feitos em papel plano, mas, essa técnica utiliza dobraduras para revelar uma estrutura tridimensional.

FICHA 22
PARTE 2
MATERIAL COMPLEMENTAR

FICHA 22
PARTE 3
MATERIAL COMPLEMENTAR

FICHA 25
PARTE 2
MATERIAL COMPLEMENTAR

FICHA 25
PARTE 3
MATERIAL COMPLEMENTAR

FICHA 33
PARTE 3
MATERIAL COMPLEMENTAR

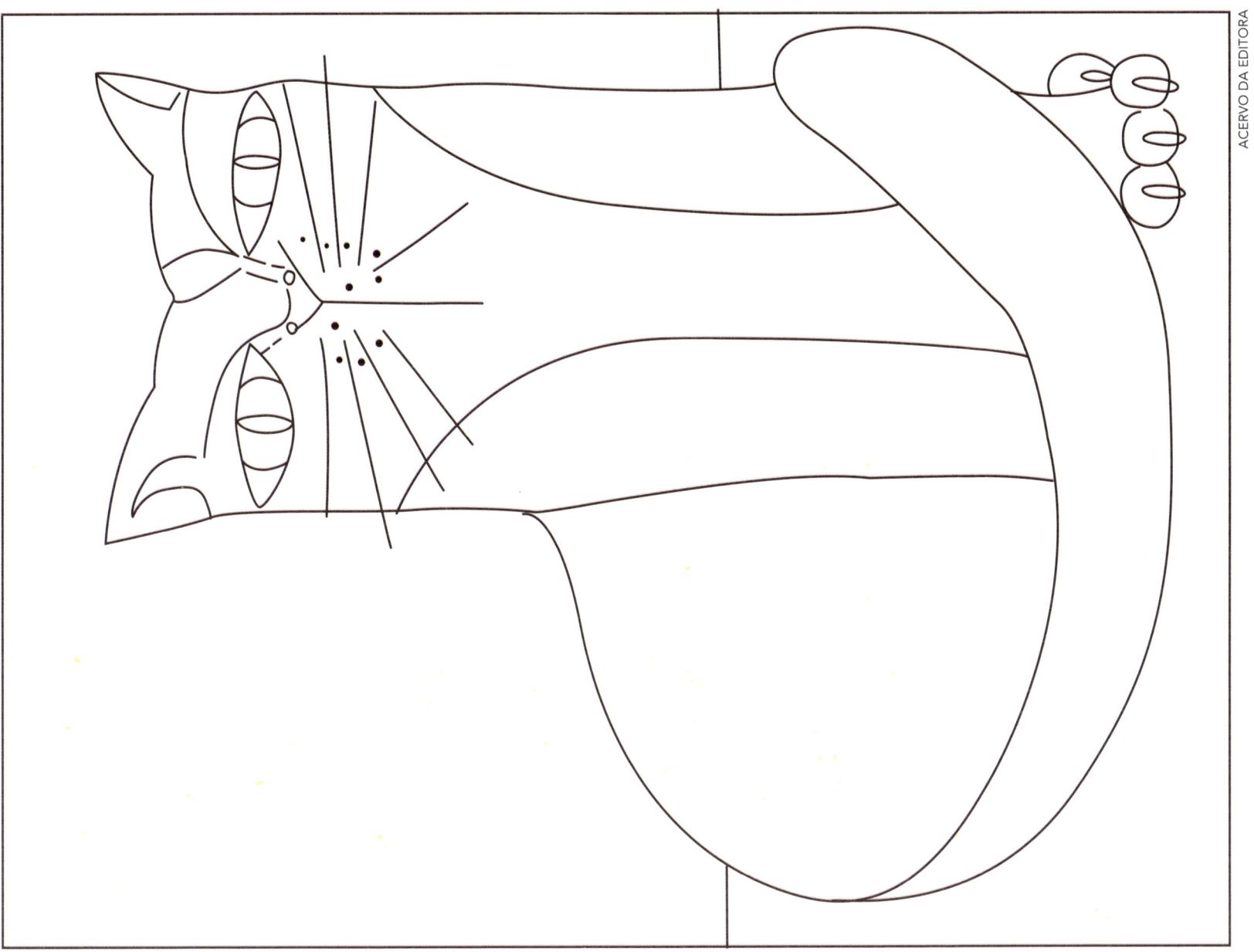

FICHA 37 — PARTE 2
MATERIAL COMPLEMENTAR

FICHA 40

MATERIAL COMPLEMENTAR

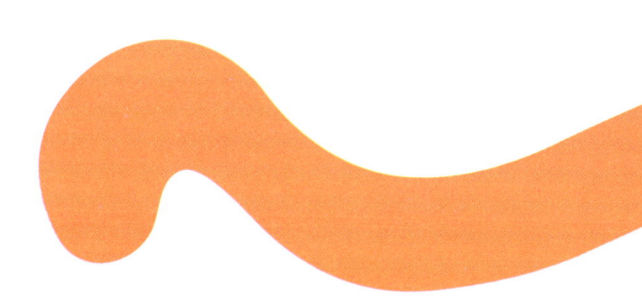

ACERVO DAS AUTORAS

Parte integrante do livro *Arte e Habilidade* – 4º ano

95

Datas comemorativas

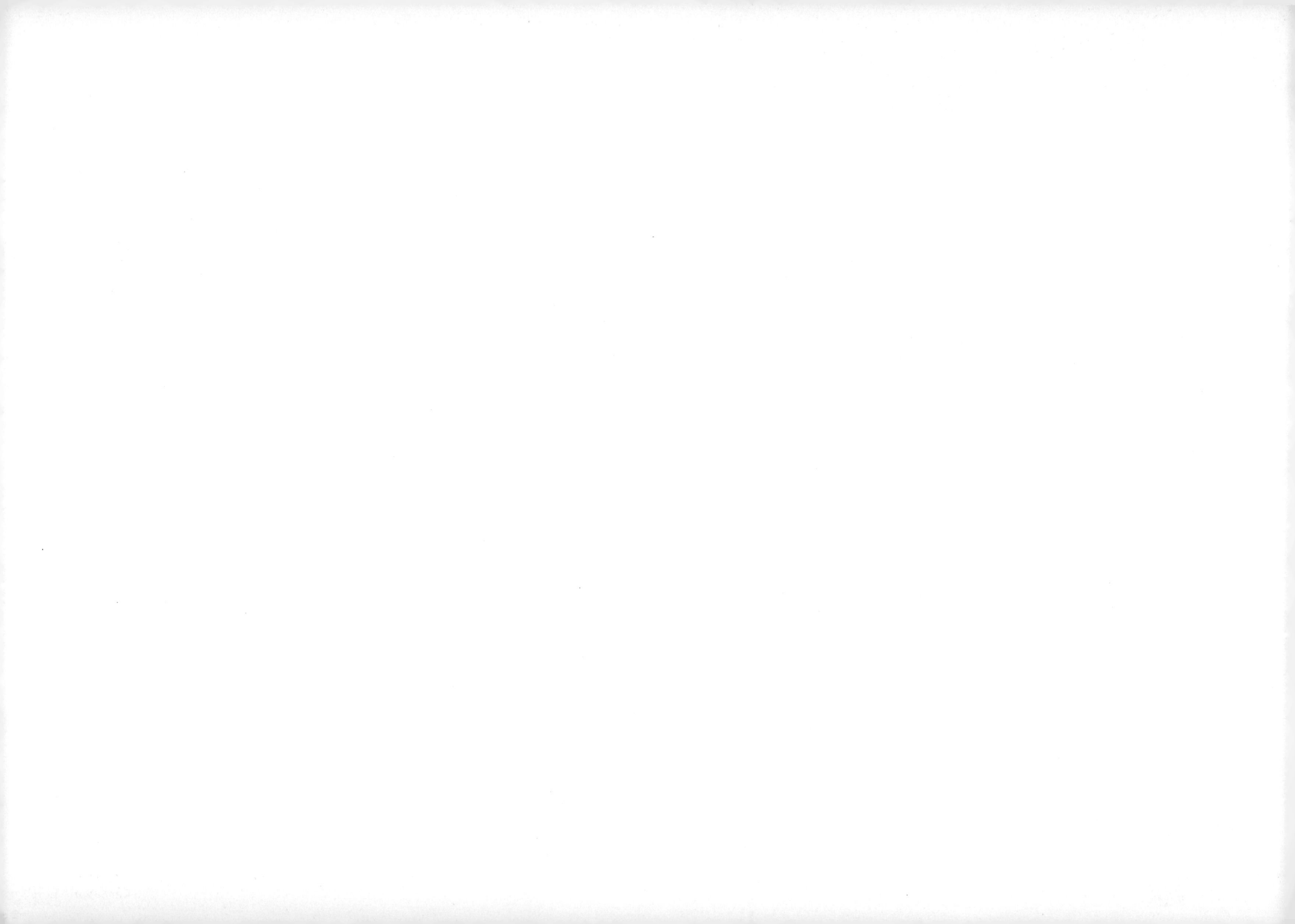

Carnaval

PARTE 1

NOME: _____

Carnaval

Carnaval

PARTE 2

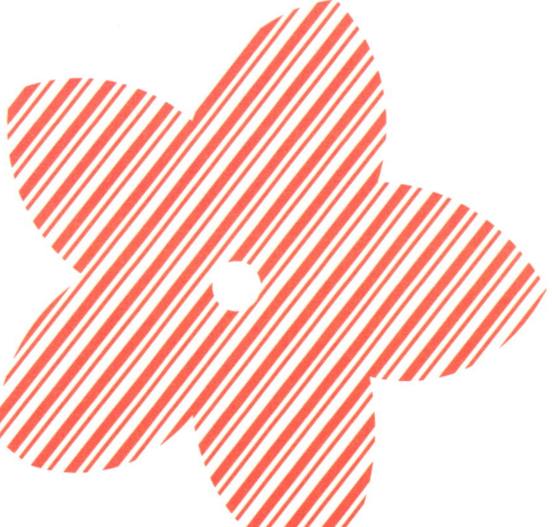

NOME: _____

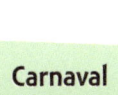

Carnaval

Páscoa

PARTE 1

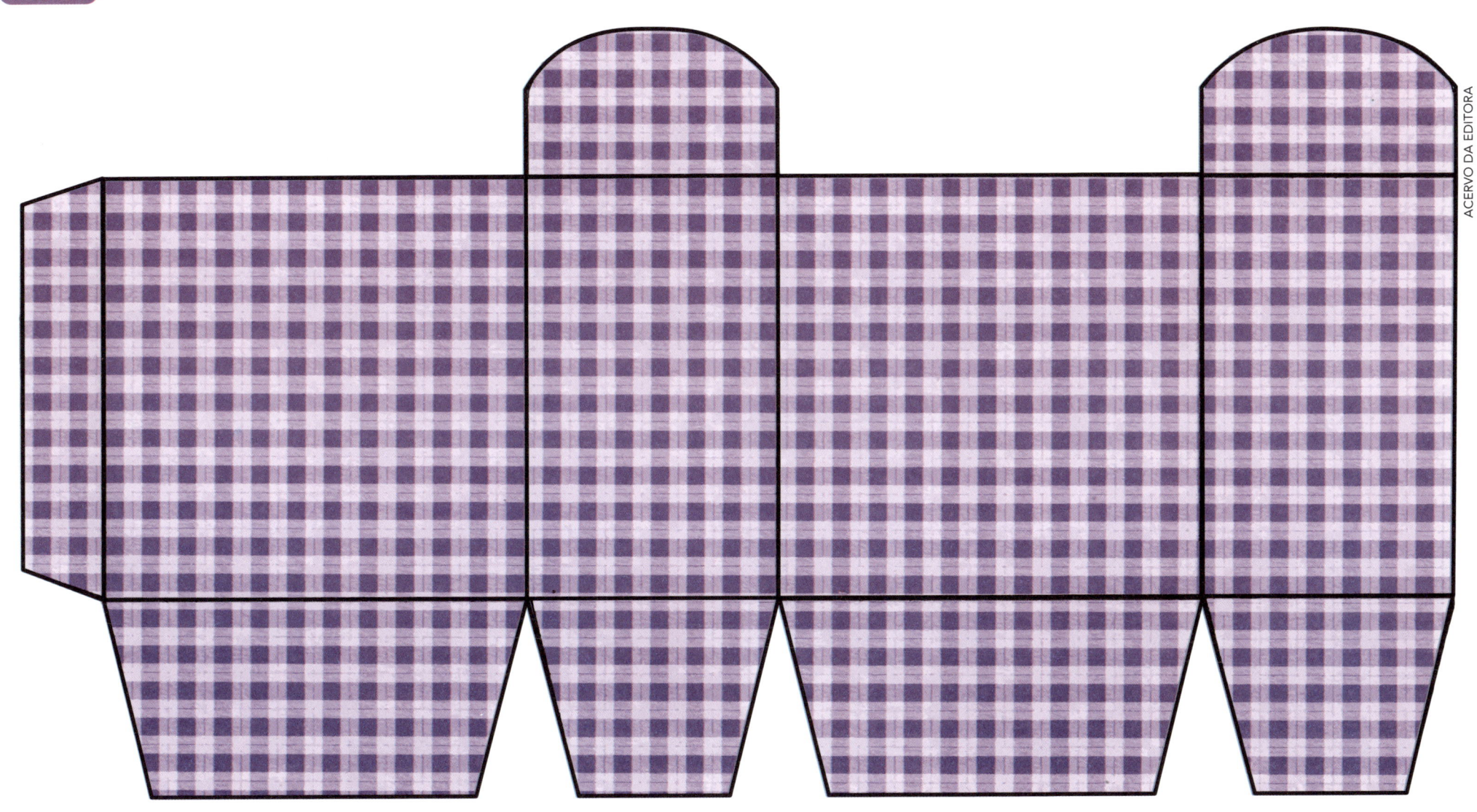

NOME: _____

Páscoa

Páscoa

PARTE 2

NOME: _____

Dia dos Povos Indígenas

PARTE 1

Aqui estão alguns instrumentos musicais indígenas.

Os apitos são feitos de argila (foto 1), usados para caçar animais e aves e em apresentações musicais nas aldeias.

As flautas são feitas de bambu (foto 2), e os maracás (foto 3), de uma planta chamada cabaça (foto 4), cheia de pedrinhas ou grãos.

Atualmente, esses instrumentos são usados apenas pelos indígenas? O que você acha?

NOME: _____

Dia dos Povos Indígenas

PARTE 2

ACERVO DAS AUTORAS

Parte integrante do livro Arte e Habilidade – 4º ano

NOME: _____

Dia dos Povos Indígenas

Dia das Mães

Mamãe, eu te amo!

NOME: _____

Dia das Mães

Festas Juninas

NOME: _____

Festas Juninas

Dia dos Pais

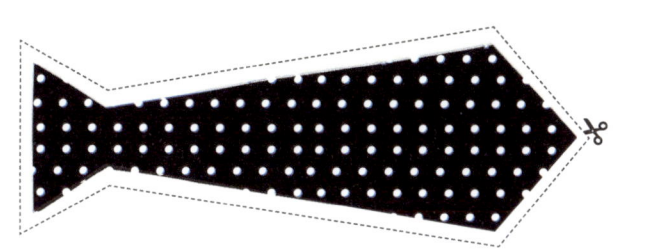

NOME: _____

Folclore

PARTE 1

Você sabe o que é parlenda?
As parlendas são combinações de palavras que fazem parte do nosso folclore. São rimas usadas em brincadeiras para crianças e adultos, passadas de geração em geração.
Você conhece alguma dessas parlendas?

Hoje é domingo, pede cachimbo.
O cachimbo é de ouro, bate no touro.
O touro é valente, bate na gente.
A gente é fraco, cai no buraco.
O buraco é fundo, acabou-se o mundo.

Papagaio louro
Do bico dourado
Leva essa cartinha
Pro meu namorado
Se estiver dormindo
Bate na porta
Se estiver acordado
Deixe o recado.

Corre cutia, na casa da tia.
Corre cipó, na casa da avó.
Lencinho na mão, caiu no chão.
Moça bonita, do meu coração...
Um, dois, três!

O macaco foi à feira
não teve o que comprar.
Comprou uma cadeira
pra comadre se sentar.
A cadeira esborrachou
coitada da comadre.
Foi parar no corredor.

Meio-dia,
Panela no fogo,
Barriga vazia.
Macaco torrado,
Que vem da Bahia,
Fazendo careta,
Pra dona Sofia.

Uni, duni, tê,
Salamê, minguê,
Um sorvete colorê,
O escolhido foi você!

Lá em cima do piano
tem um copo de veneno.
quem bebeu, morreu,
o azar foi seu.

Dedo mindinho,
Seu vizinho,
Pai de todos,
Fura bolo,
Mata piolho.

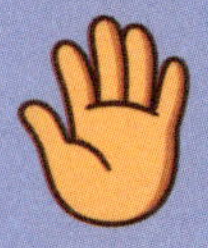

Um, dois, feijão com arroz,
Três, quatro, feijão no prato,
Cinco, seis, falar inglês,
Sete, oito, comer biscoito,
Nove, dez, comer pastéis.

Quem cochicha,
O rabo espicha,
Come pão
Com lagartixa.

Era uma bruxa
À meia-noite
Em um castelo mal-assombrado
com uma faca na mão
Passando manteiga no pão.

NOME: _____

Folclore

PARTE 2

NOME: _____

Folclore

Primavera

PARTE 1

NOME: _____

Primavera

PARTE 2

NOME: _____

Primavera

Dia das Crianças

NOME: _____

Dia das Crianças

Natal

PARTE 1

ACERVO DAS AUTORAS

Parte integrante do livro Arte e Habilidade – 4º ano

NOME: _____

Natal

Natal

PARTE 2

NOME: _____

ADESIVOS

Ficha 22 – Kirigami

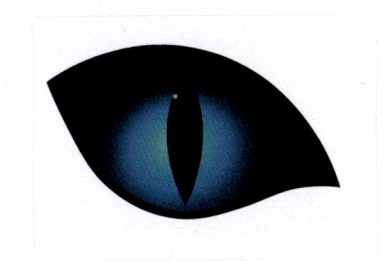

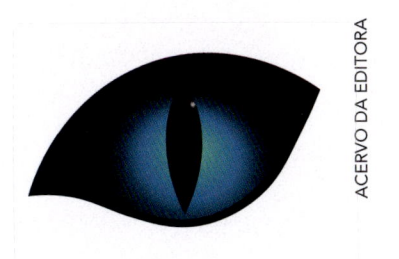

Ficha 33 – Olhos de gato

Ficha 47 – Origami – Olhos do pinguim

Ficha 25 – Vaso de garrafa PET

Primavera

Parte integrante do livro *Arte e Habilidade* – 4º ano

113

ADESIVOS

Natal